ラダックの中心地レー、冬の朝

パンゴン・ツォのほとりの岩山に佇む、ツェワン・リグジン

スムダ・チュン・ゴンパのナンパ・ナンツァ（毘盧舎那如来）像

朝の勤行にいそしむ、シャチュクル・ゴンパの僧侶

畑に水を引いている、ニョマの村の女性

踊りのために楽器を奏でる、ダーの村人たち

休憩中の鍛冶職人、ツェリン・ジグメット

チリンの村で出会った女の子たち

ハンレ・ゴンパの上空に架かる天の川

ストンデ・ゴンパの少年僧

凍結した川の上に現れる幻の道、チャダル

スピティ渓谷に屹立する僧院、キー・ゴンパ

朝の光に包まれるランザの村

コミック・ゴンパで作られた砂曼荼羅

男の子をおぶって歩いていた、コミックの村の男性

盛装をしたスピティの女性

わたしの旅ブックス
034

インドの奥のヒマラヤへ
ラダックを旅した十年間

山本高樹
文・写真

産業編集センター

僕を呼び寄せる何か

初めてラダックを旅したのは、三十歳の時だった。

中国の上海からトルコのイスタンブールまで、大半を陸路で移動する長い旅の途中、僕はインドの首都デリーからバスを乗り継いで、北を目指した。特に何か目的があったわけではない。何となく、北の方に行ってみたいから、という以上の理由はなかった。

生まれて初めて経験する、標高五千メートルの峠越え。高山病の頭痛で朦朧《もうろう》となりながら、僕は、ほうほうのていでラダックに辿り着いた。

そこには、想像もしたことのなかった世界があった。

星が透けて見えそうなほど澄み切った、紫紺の空。険しい岩山に屹立する、白壁の僧院。乾いた風にひるがえる、僧侶たちの臙脂《えんじ》色の袈裟《けさ》。黄金色の麦わらを背負って歩く村人たちが口ずさむ、昔どこかで聴いたような、懐かしい節回しの歌。

ああ、ここか。ここだったんだ。

何の脈絡もなく、ただ直感的に、そう思った。

一週間後に再びバスに乗ってラダックを離れる時も、僕は、確信に近い予感を感じていた。いつかまた、必ず、ここに戻ってくる、と。


ヒマラヤ山脈の西の端、カラコルム山脈との狭間にある、平均標高三千五百メートルに達する山岳地帯、ラダック。一年を通じて雨はほとんど降らず、岩山と砂礫《されき》ばかりの乾き切った大地が、渺茫《びょうぼう》と広がっている。夏の陽射しは強烈だが、冬の寒さはとても厳しく、マイナス二十度を下回ることも珍しくない。外界との間をつなぐ幹線道路も、冬の間は雪で塞がり、ラダックは文字通り、陸の孤島になってしまう。

ここにはかつて、ラダック王国という仏教王国があった。紆余曲折の歴史を経て、王国は滅亡し、今は、インドのユニオン・テリトリー（連邦直轄領）の一つとなっている。この土地で暮らしている主な民族は、チベット系民族のラダック人。チベット語の方言のラダック語を話す彼らの多くは、チベット仏教を信仰し、チベットと共通する伝統文化と、ラダック古来の土着の風習の両方を受け継いでいる。

インドのほかの地域で暮らす人たちに、ラダックについて訊いてみると、「ラダック？あそこは、アナザー・ワールドだよ！」とみんな口を揃える。多くのインド人にとっても、ラダックは、想像を超える異世界なのだ。

最初にラダックを旅してから約七年後、僕は足かけ一年半の間、ラダックで暮らしながら各地を取材し、一冊の本を書いた。その後も、ほぼ毎年のようにラダックに通い続け、新聞や雑誌で記事を書き、旅行用のガイドブックを書き、日本人のグループツアーのガイドも務めるようになった。

行けそうな場所には、ほぼ全部行った。やれそうなことは、ほぼ全部やった。気がつくと、ラダックについての最初の本を書いてから、十年もの歳月が過ぎていた。

それでも僕は、この土地に、飽きるということがない。

どうして僕は、こんなにもラダックに惹かれ、こだわり続けているのだろう？

時には死を感じさせるほど、厳しく、美しい自然。千年の時を経て受け継がれてきた、祈りと伝統。大地に根差しながら、淡々と穏やかに暮らす人々の生き様。すべてが理由として当てはまる。でも、それだけではない何かが、あるような気もする。もっと奥底から、僕を呼び寄せる何かが。

インド最北部のヒマラヤにある、ラダックを旅した十年間。その日々の記憶をふりかえりながら、僕を呼び寄せるものは何なのか、考えてみようと思う。

パンゴン・ツォに訪れた夜明け

インドの奥のヒマラヤへ　ラダックを旅した十年間

目次

ラダック全図

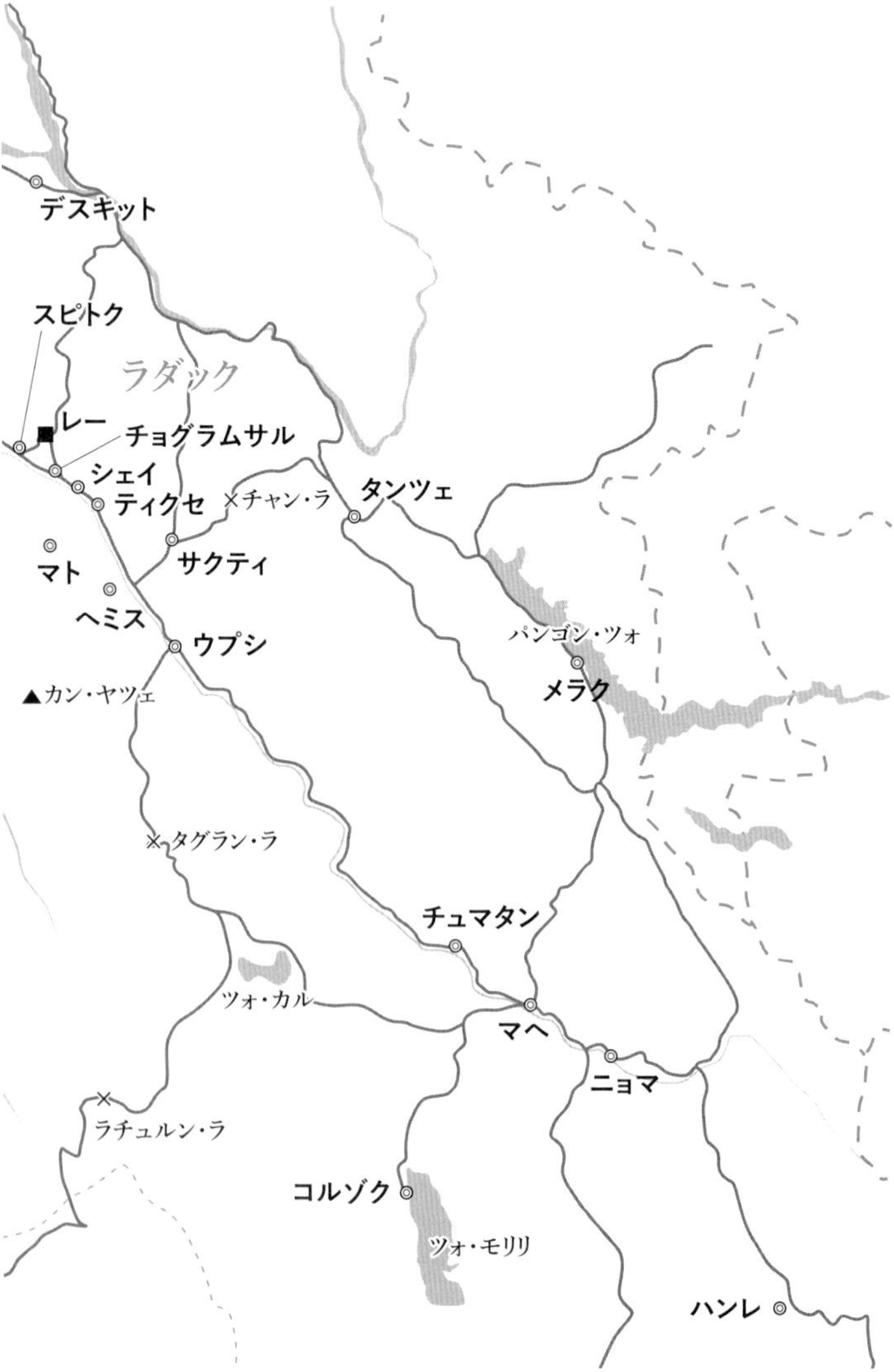

デスキット
スピトク
ラダック
レー
チョグラムサル
シェイ
ティクセ
×チャン・ラ
タンツェ
マト
サクティ
ヘミス
ウプシ
パンゴン・ツォ
メラク
▲カン・ヤツェ
×タグラン・ラ
チュマタン
ツォ・カル
マヘ
ニョマ
ラチュルン・ラ
コルゾク
ツォ・モリリ
ハンレ

ダー
カルギル
スクルブチャン
シェルゴル
フェイ
カルツェ
リゾン
リキル
サンク
フォトゥ・ラ
ワンラ
アルチ
ニンム
パニカル
スムダ・チュン
ストク・カングリ
ジュルド
フォトクサル
パルカチック
チリン
クン
ヌン
センゲ・ラ
リンシェ
マルカ
ニェラク
ペンジ・ラ
ザンラ
カルシャ
ツァザル
サニ
ストンデ
ザンスカール
パドゥム
バルダン
プクタル
シンゴ・ラ
バララチャ・ラ

レー・マナリ・ハイウェイ

レー
インダス川
ティクセ
ストク・カングリ
センゲ・ラ
サクティ
ザンスカール川
マルカ川
ウプシ
カン・ヤツェ
タグラン・ラ
ラチュルン・ラ
パン
シンゴ・ラ
セルチュ
バララチャ・ラ
ダルチャ
ケーロン
コクサル
ロータン・ラ
クンザム・ラ
マナリ

いくつもの峠を越えて

Leh-Manali Highway

霧とも雨ともつかない細かな水滴が、フロントガラスを濡らしている。薄墨色の谷間を漂う、白い蛇のような姿の雲。眼下に広がる急斜面は、樹高が十数メートルはある巨木の森に覆われている。森の切れ間に、時折、灰色の毛玉のような羊の群れが見え隠れする。地元の人々が、夏の間、谷から谷へと放牧している羊たちだ。

マナリを早朝に発った車は、曲がりくねった山道を辿りながら、次第に高度を上げていく。運転手のマヌハールは少し身を乗り出すようにして、視界の悪い前方を見つめながら、慎重にハンドルを動かしている。USBメモリのささったカーステレオからは、懐古趣味のメロディに乗って、甘い響きの女性の歌声が流れている。

「いい曲だね」

助手席に座る僕が英語でそう言うと、マヌハールは前方を見つめたまま、ほんの少し、口元をゆるめた。

「マナリ出身の歌手なんですよ」

今日と明日、僕はこの甘い歌声を、車の中でずっと聴き続けることになるのだろう。

腕時計に内蔵されている高度計の表示が三千五百メートルを超えたあたりから、車は、ガタガタと激しく揺れるようになった。つづら折りの道は、あちこちでアスファルトが剝がれて深い穴が空き、泥水が溜まっている。タイヤと車体を傷めないように、マヌハールはさらに前屈みになって、ハンドルを小刻みに左右に切る。

雲の真っ只中に飛び込んだ今、視界は白く閉ざされ、十数メートル先もまともに見えない。雨粒が、ピシピシとフロントガラスを叩く。このあたりの岩場には、今の時期、ヒマラヤの青いケシ、ブルー・ポピーが咲いているはずだが、目を凝らしても、青い花弁はどこにも見当たらない。

つづら折りの道を右に左に上り続けていくうちに、ふいに道が平坦になり、車体の揺れが収まった。黄色のペンキで塗られた峠の道標と、チベット仏教の五色の祈祷旗、タルチョのはためく丘が、行手にうっすらと見える。

「ロータン・ラ」道標の横を通り過ぎる時、マヌハールが言った。

標高四千メートル弱のこの峠を越えたとたん、雨は、ぴたりと止んだ。視界を遮っていた雲が、みるみるうちに飛び去っていく。峠の先、北方に連なる険しい山々は、ところどころ、うっすらと緑に覆われているだけで、背の高い樹木はほとんど生えていない。ここまで目にしてきた、深い森に覆われたマナリ側の風景とは、まったくかけ離れている。

「とりあえず、最初の峠は越えられたね。あと、三つか」

僕のその呟きに、マヌハールはハンドルを握ったまま、軽く頭を揺すり、ふっ、と呼吸を整えた。


インド最北部の山岳地帯にあるラダックを訪れる人のうち、予算にある程度余裕があって、移動時間を節約したいという人は、飛行機を利用する。飛行機なら、インドの首都デリーからラダックの中心地レーまで、片道一時間少々。所要時間の割に料金が割高なのと、特に冬の間はデリーの濃霧やレーの悪天候のためにしょっちゅう欠航になるのが難点だが、一番楽で手っ取り早い方法なのは間違いない。

予算はあまりないけれど、時間には割と余裕があるという人は、バスや車で陸路を移動してラダックを目指す。ラダックと外界との間をつなぐ幹線道路は、主に二本ある。一本は、西隣のカシミール地方の街スリナガルから、ゾジ・ラという峠を越えて、ラダックに至る道。もう一本は、南に接するヒマーチャル・プラデーシュ州の街マナリから北上して、ラダックへと至る道だ。前者は、スリナガル近辺がしょっちゅう政情不安に陥るのもあって、一般の旅行者にはあまり利用されていない。後者は、レー・マナリ・ハイウェイと呼ばれていて、その全長は約四百七十キロ。途中には、ロータン・ラ、バララチャ・ラ、ラチュルン・ラ、タグラン・ラと、標高四千から五千メートルに達する峠が四つも横たわっている。

レー・マナリ・ハイウェイの交通手段は、片道一泊二日で走る公営の大型バス、途中で休憩を挟みながら二十時間ほどぶっ続けで走る私営の小型バスや乗合タクシーなど、いくつかの選択肢がある。冒険好きなインド人旅行者に人気なのは、大型バイクに予備の燃料タンクを積んで、グループで走破するバイクツーリングだ。この過酷な道程を自転車で走破しようとするサイクリストたちも、国内外から集まってくる。
僕はこのレー・マナリ・ハイウェイを、大小のバスや乗合タクシーなどで、何度か行き来した経験がある。今回はそれらに比べると、かなり楽な方法を選んだ。マナリで車を一台チャーターして、片道一泊二日の日程でレーを目指すことにしたのだ。バスや乗合タクシーに比べると費用はかかるが、途中の好きな場所で車を停めて写真を撮影できるのは、写真家でもある僕にとって、大きなメリットだ。レー・マナリ・ハイウェイの全行程をつぶさに取材して雑誌向けの記事にまとめよう、と思い立ち、ヒマーチャル・プラデーシュ州のスピティで旅行会社を営む友人ララに手配してもらったのが、マヌハールの運転する車だった。

ロータン・ラを越え、北西に下ってきた車は、ラホールと呼ばれる地域に入った。川沿いの平坦な道をしばらく進んだ後、マヌハールはアクセルをゆるめ、ハンドルを左に切って、道路脇の空き地に車を停めた。屋根も何もないが、細長い箱型の機械がいくつか、地面から突き出している。

「ペトロール・ポンプ（給油所）」とマヌハール。

給油待ちの間、車の外に出て、少しぶらつく。道端に、「次の給油所は三百六十五キロ先」と書かれた看板が立っている。ここで燃料を満タンにしておかなければ、ほぼ確実に荒野のど真ん中で立ち往生、というわけだ。とんでもない道程だな、とあらためて思う。

給油所の少し先には、ラホールの中心地、ケーロンがある。人口は千数百人ほどの、ごく小さな町だ。左右に商店が何軒か立ち並ぶだけの、人影もまばらな山沿いの町並を抜け、バスターミナルとして使われている建物を横目に通り過ぎる。このケーロンから先、ラダックに入るまで、町や村は一つもない。周囲の景色からは緑の割合がさらに少なくなり、ゴツゴツとした岩ばかりが目立つようになった。

外国人旅行者のパスポートをチェックする検問のある、ダルチャという場所に着く。マヌハールと僕は車を降り、検問で確認を受けた後、掘立小屋のようなしつらえの茶店で、メギを二人前注文した。メギは、「マギー」ブランドのカレー味のインスタントラーメンのことで、この界隈ではメギという発音で呼ばれている。インド中、どこに行っても手に入る袋麵で、この国の人々のソウルフードの一つと言ってもいいかもしれない。茶店の中は寒かったが、湯気のたつメギをすすると、身体が内側から、ふうっと温まる。

食事を終え、再び出発。ロータン・ラを越えてからしばらく止んでいた雨が、また降りはじめた。道は再びつづら折りに変わり、じりじりと高度が上がっていく。四千、四千二百、四千五百……。黒々とした山肌に、斑模様の白い残雪が目立ちはじめた。外の冷気が、車の中にまで伝わってくる。今は、七月中旬だというのに。

標高四千八百メートルに達する峠、バララチャ・ラの頂上は、雪混じりの冷たい雨に白く霞んでいた。路肩に車を停めてもらい、雪の舞う中で、何枚か写真を撮る。カメラを持つ指先が、冷たくかじかむ。耳たぶをかすめる風が、ヒョオッと唸りを上げる。

この地の自然が、ほんの少しでもその気になれば、僕なんぞ、ここで吹雪に閉じ込めて、あっさり消し去ってしまえるのだろう。人間は、本当にちっぽけな存在でしかない。

マナリの歌手の甘い歌声をカーステレオで聴きながら、バララチャ・ラを越え、北に進んでいくうちに、雨は止み、雲は薄れ、やがて、青空が見えてきた。マナリを出発してから約九時間後、セルチュと呼ばれる場所に到着。夏の間、ここでは旅行者向けのテントホテルがいくつか営業している。僕たちも、今夜はそのうちの一つに泊まる。

山あいの開けた平地に、宿泊用の個室テントがずらりと並んでいる。中にはそれぞれ二台の簡素なベッドが置かれ、間仕切りの奥には、給水塔から水が供給されるトイレと洗面台、簡易シャワーがある。一晩泊まるには、まったく申し分のないテントだ。

西の山の端に、太陽が鈍い光を放ちながら沈んでいく。とたんに、あたりが薄暗くなり、体感温度がぐっと下がった。敷地の奥にある、大きな天幕に覆われた食堂に行ってみる。中には、いくつかの折り畳み式の長机とプラスチックの椅子が並んでいて、一番端の机には、たくさんの差込口のある大きな電源タップが置かれている。夕方から夜にかけて、数時間だけ動かす発電機につながっているのだろう。宿泊客たちはこの電源タップで、各々のスマートフォンやカメラのバッテリーを充電するのだ。

隣にある炊事場のテントで調理された夕食が食堂に運び込まれる頃、今夜ここに泊まるほかの宿泊客たちが、三々五々に集まってきた。見たところ、ほとんどがインド人で、半分はバイクツーリング、もう半分は旅行会社のバスツアーの参加者のようだ。インドのほかの地域では着る機会のなさそうな、薄手のダウンジャケットや手袋、ニットキャップを身につけていて、両肘を抱えて「寒い、寒い」と、愉しそうに笑っている。

ビュッフェ形式の夕食は、米飯、ダール（豆のカレー）、ミックスベジタブル、パスタ、スープ、缶詰のフルーツ、食後のチャイ（ミルクティー）。保存の効きそうな食材だけで作られているのに、食べやすくて、ちゃんとおいしい。たぶん、インドに出稼ぎに来ているネパール人のコックが作っているのだろう。夏の間はラダックで、冬になるとネパールでトレッキングに同伴して働く腕利きのネパール人コックは、大勢いる。

食堂に来た宿泊客たちの中には、青ざめた顔をしてこめかみを押さえ、スプーンを持つ手が止まっている人も何人かいた。高山病の症状が出てきているのだ。無理もない。このセルチュの標高は、四千メートルを超えている。

僕自身、最初にラダックを訪れた時は、ものの見事に高山病にやられた。その時は、マナリからレーまで一泊二日で走る大型バスに乗り、途中、このセルチュで一泊したのだが、夜になって猛烈な頭痛と吐き気に襲われ、まったく眠れなくなった。頭蓋骨の内側で銅鑼《どら》をガンガン叩かれているような、最悪の頭痛だった。翌日の夕方にレーに着く頃には、その頭痛も嘘のようにすっかり治ったのだが。

それ以来、僕は高山病に苦しめられたことはない。理由はわからないが、何度もラダックを旅するうちに、酸素の薄さに身体がすっかり慣れてしまったのかもしれない。

夕食を終え、食堂を出て個室のテントに戻る頃、夜空には、信じられないほどの数の星が瞬きはじめていた。インドも、ラダックも、いろいろなことがずいぶん変わってしまったけれど、星々の輝きは、初めてこの地を旅した時と、まったく何も変わらない。

個室テントのベッドの上で、僕は自前の寝袋にくるまって眠った。ラダックを旅する時、レーの慣れ親しんだ定宿に泊まる時を除いて、僕はいつも寝袋を使うようにしている。寝ている間に南京虫やダニに咬まれると、数日どころか、何週間も痛がゆい思いをするはめになる。自分の寝袋だと安心できるからか、よく眠れた。

朝、食堂のテントで朝食。ホットミルクに浸したコーンフレーク、トースト、インスタントコーヒー。食べ終えて外に出ると、マヌハールが水場で歯を磨いていた。

「おはよう。昨日はどこで寝たの？」

彼はニッと笑って、自分の車を指さした。後部座席で、毛布にくるまって寝たのだという。自分の家を除けば、車の中が、彼らには一番落ち着く寝床なのかもしれない。

荷物をまとめて車に積み、出発。昨日の夜は星がたくさん見えていたのに、今朝はまたどんより曇っていて、雲間から光が射す気配もない。カーステレオからは今日も、甘い歌声が流れている。

ヒマーチャル・プラデーシュ州の州境を越え、車は、標高約五千メートルの峠、ラチュルン・ラへの道を上っていく。周囲の山々の斜面には、強大な力で思いっきりねじ曲げたかのような地層の断面が、くっきりと浮き出ている。

未舗装の道路の脇には、五百メートルから一キロおきくらいの間隔で、黄色いペンキで塗られたコンクリート製の道標が立っている。道標にはそれぞれ、スピードの出し過ぎや前方不注意、居眠り、飲酒運転などを戒める、格言めいた警句が英語で書かれている。

その中の一つに、「オール・イズ・ウェル」と書かれた道標があるのを見つけて、僕は思わず笑ってしまった。クライマックスの場面をラダックで撮影して大ヒットしたインド映画「スリー・イディオッツ」（邦題「きっと、うまくいく」）に出てくる台詞だ。大学卒業後に行方不明になった主人公を探して、主人公の親友たちは、一台の車でこのレー・マナリ・

ハイウェイを辿って、はるか彼方のラダックを目指したのだった。

ラチュルン・ラを過ぎたあたりで、十数人のサイクリストたちが、長い隊列を作って走っているのを追い越す。どの自転車にも、荷物は積まれていない。旅行会社が主催する自転車ツアーのようだ。食糧や水、メンテナンス機材を積んだサポート車は、別にいるのだろう。たとえほとんど空身でも、この標高で、ラダックまでの道程を自転車で走破するのは、本当にきついと思う。オール・イズ・ウェル、と彼らに声をかけてあげたくなった。

食堂と簡易宿泊所のテントが集まるパンという場所を過ぎると、それまでデコボコ続きだった路面が、急になめらかになった。新しく舗装されたばかりのように見えるアスファルトの道が、荒野の只中を貫いて、北へと続いている。路面の状態を確かめたマヌハールは、一気に車のスピードを上げた。

「昔に比べると、ずいぶん道がよくなったね」

「ベリー・イージー」ハンドルを手繰りながら、マヌハールがうなずく。

車は、傾斜はゆるやかだが、はるか彼方までずっと上り続ける坂道を走っていく。道はいったん右に曲がり、山の斜面に沿って、大きく左へと回る。上る。上る。さらに上る。この道程で最後の峠、標高五千二百六十メートルに達するタグラン・ラへと続く道だ。腕時計の高度計の表示が、五千メートルを超える。大気中の酸素濃度が薄くなっているのを、はっきり感じる。念のため、深く、大きく、ゆっくり呼吸するように意識する。

路面の補修作業の現場を通り過ぎる。頭から爪先まで真っ黒に汚れた服を着た男たちが、シャベルを手に砂利をすくったり、黒々としたアスファルトを混ぜたりしている。彼らの多くは、インド各地やネパールから、夏の間だけ出稼ぎに来た人たちだ。彼らの働きがなければ、この地域の道路は、寒暖差の激しい環境に晒されて、すぐにボロボロになってしまう。

「……タグラン・ラ！」

マヌハールはアクセルをゆるめ、峠の頂上の曲がり角で、路肩に車を停めた。ドアを開け、外に出る。峠の名前と標高を示す道標。結わえつけられた無数のタルチョが、北から吹く風にはためいている。

荷台にビニールシートの屋根を張った、一台の小型トラックが停まっていた。「タグラン・ラ・レストラン・ティー&コーヒー」と、ペンキで殴り書きした英語の看板がある。

トラックの荷台を利用した茶店のようだ。

荷台の奥に座っていた、ニットキャップと色褪せたジャケット姿の二人の男が、僕の顔を見て、ニカッと笑いながら声を上げた。

「ヤー、ジュレー!」

ジュレー。こんにちは、ありがとう、さようなら、のすべての意味を持つ、ラダックの言葉。その響きを耳にすると、僕はいつも、ああ、戻ってきた、と思うのだ。

霧雨の降る道で、車を運転するマヌハール

「次の給油所は365キロ先」

変わりゆく王都

Leh

宿の木戸から外に出て、紐を引いてかんぬきをかけ、歩き出す。いい天気だ。群青の空と、白い雲。陽射しはひりつくように熱いが、風は、さらりと乾いている。

レーの街の中心部へと続く、ゆるやかな下り坂を歩いていく。道の左側の水場で、近所のおばさんと子供たちが、たらいに水を張って洗濯をしている。道の右側の草地では、放し飼いの牛たちが、もぐもぐと草を頬張っている。さっき、宿の木戸にかんぬきをかけたのは、主に牛たちに対する用心だ。油断していると、彼らは庭に闖入《ちんにゅう》して、菜園の葉野菜をもりもり食べてしまう。

下り坂は、右に左に大きく湾曲し、警察署の前を過ぎてから、小さな橋のたもとでT字路になる。右に行くと、チャンスパという、旅行者向けの少しにぎやかな商店街。左に行くと、レーのメイン・バザールだ。僕は左に曲がり、古い雑居ビルの一階にある、奥まった構えのオフィスに行き、戸口から中をのぞき込む。

「ジュレー、アチョレ（兄貴）」

「おお、タカ！　ジュレー！」

両肘を机に置いて取引先の男たちと話していたロブザンが、こちらを見て、顔をほころばせた。旅行会社を経営するザンスカール人の彼は、昔からの顔なじみだ。今までに何度も、トレッキング取材の準備で助けてもらっている。

「ナム・スキョット（いつ着いたんだ）？」

ロブザンがそう言いながら差し出した手を、軽く握り返す。

「ダング（昨日）。マナリネ、ガリ（マナリから、車で）」

「チャイ？」

「あー……。オーレ、ジュレジュレ（うん、ありがとう）」

男たちの一人が立ち上がって、椅子を一つ、僕に譲ってくれた。恐縮しながら座らせてもらうと、別の男が、魔法瓶から小さなコップにチャイを注いでくれた。

「……テネ（それで）？　カムザン（元気だったか）？」

「カムザン。ンゲ・アマ、ノモ、ツァンマ・カムザン（母も、妹も、みんな元気）」

オフィスに居合わせた男たちは、僕のたどたどしいラダック語を聞いて、おかしそうに笑っている。どう見ても外国人のなりをした僕が、なぜかラダック語をしゃべっているのが、きっと面白いのだろう。

机に置かれたコップを手に取り、甘いチャイをすする。レーに着いたら、こうして知り合いのオフィスや店を訪ねて回るのが、僕のいつもの習慣だ。行く先々で同じようにチャイやジュースを熱心にすすめられるので、何カ所か回っているうちに、おなかはカポカポになってしまう。

レーの中心部にあるメイン・バザールは、南北に細長い台形のような形の道路に囲まれている。北側と東側の目抜き通りは、少し前から、車両進入禁止の歩行者専用道路になった。路面には色分けされたタイルが敷き詰められ、石造りのベンチと植え込みが等間隔に据えられている。

この十年ほどの間、レーの交通量は増える一方で、朝夕のラッシュ時は排気ガスがひどかった。メイン・バザールの一部を歩行者専用にしたのは、いい判断だったのかもしれない。ただ、そのためのリニューアル工事が行われた時、昔から道路沿いにあった立派な街路樹は、全部切り倒されてしまった。

通りに面していたいくつかの古い建物も取り壊され、代わりに、三、四階建ての商業施設のようなビルが建ち並ぶようになった。大きなガラスの嵌まったショーウインドーに、骨董品の土産物や色とりどりのパシュミナのショール、中国製のスポーツウェアやスニーカーが陳列されている。街のあちこちで目につく、格安スマートフォンの看板やポスター。そういえば、停電していなければ店内でワイファイを使える新しめのカフェも、ずいぶん増えた。以前は旅行者の重要な通信インフラだったサイバーカフェは、すっかり下火で、格安航空券のネット予約代行業に鞍替えした店もある。

街の風景は変わっても、変わらないのは、目抜き通りの道端で野菜を並べて売っている、ラダック人のおばちゃんたち。レーで営業している青果店はカシミール人経営の店がほとんどで、夏の間は外地から野菜や果物を運び込んでいるから品揃えは豊富なのだが、鮮度の点では、レー近郊の村で穫れたばかりの野菜を売りに来るおばちゃんたちに、軍配が上がる。道端で日陰を選んで腰を下ろしたおばちゃんたちが、呑気におしゃべりしながら、丸々と太った根菜やみずみずしい青菜、甘酸っぱい匂いを放つ杏《あんず》の実などを売っているのを見ると、何だかとても、ほっとする。

さて、今日はどこで、何をおひるに食べようか。

夏のレーでは、旅行者向けのレストランが、星の数ほど営業している。チベット人経営の店では、チベット風の蒸し餃子モモ（ラダックではモクモクと発音する）をはじめとするチベット料理が揃っている。インド人向けのレストランでは、北インド風のこってりしたカレーやタンドーリ・チキン。欧米人向けにパスタやピザを出す店はそこら中にあるし、ビビンパや辛ラーメンを出す韓国料理店もある。エスプレッソマシンのあるカフェでは、泡立ったミルクのカフェラテを、サンドイッチやケーキと一緒に味わえる。

けれど、今日は何となく、そういう店に行く気分じゃない。

メイン・バザールの目抜き通りから、一本の細い路地に入る。薄暗がりに、一軒の小さな食堂がある。中に入ると、四、五台あるテーブルの周囲はどこもぎっしり満席で、相席が当たり前の状態。客は、地元のラダック人ばかり。みなが食べているのは、チョウメンと呼ばれている焼きそばか、チベット風の汁麺トゥクパの上にモモを載せたミックス・トゥクパかの、どちらかだ。

先に食べ終えた女性客たちが席を空けてくれて、思いのほか、早く座れた。せわしなく動き回っている配膳係の青年に、「ミックス・トゥクパ」と伝える。

すぐに運ばれてきたミックス・トゥクパは、透明なスープと太めの麺の上に、羊肉を包んだモモと、骨つき羊肉の塊が載っている。モモを一口かじって味わい、残り半分をスープに浸しながら、麺と一緒に、ずずっ、とすすり込む。「くはあっ」と思わず声が出る。羊肉のうまみのしみ出たスープの味わいが、たまらない。これが、百ルピー（日本円で約百五十円）で味わえるとは。

知り合いへの挨拶回りを一通りすませた後、僕は、レーの旧市街へと足を向けた。

旧市街は、メイン・バザールの北東から東にかけての一帯にある。この街がラダック王国の王都だった頃の雰囲気を、今もそこはかとなく感じさせる区域だ。旧市街の背後にはナムギャル・ツェモと呼ばれる岩山がそびえ、その中腹にはかつての王宮、レーチェン・パルカルが屹立している。

迷路のように入り組んだ、旧市街の細い路地を辿って歩いていく。メイン・バザールでは感じなかった、ひんやりとした土の匂い。日干し煉瓦と木材と石で造られた古民家が、左右にひっそりと軒を連ねている。

そんな古民家のうちの一軒を利用した店、ララズ・カフェに入る。チベット文化圏で寺院や古民家の修復を手がけている団体、チベット・ヘリテイジ・ファンドが運営しているカフェだ。

三度に一度はうっかり頭をぶつけてしまうほど低い鴨居の入口から、急な階段を上がって、二階へ。チベット風の絨毯《じゅうたん》を敷いた壁際の席を取り、赤ん坊の子守をしながら店番をしている若い女の子に、コーヒーを一杯、注文する。昔のラダックの民家特有の小さな窓から、旧市街の街並と、澄んだ青空が見える。

この地に最初の統一王朝が生まれたのは、十世紀頃と伝えられている。その頃は、ラダック（峠を越えて）という呼称ではなく、マルユル（低地の国）と呼ばれていたそうだ。当初、王都はシェイという村のあたりに置かれていて、十六世紀頃にレーに遷都された。ラダックと呼ばれるようになった十七世紀頃、王国は領土を拡大して最盛期を迎え、王宮レーチェン・パルカルのほか、王家の菩提寺《ぼだいじ》ヘミス・ゴンパをはじめとする大僧院を次々と建立する。しかし、栄華はほんのつかの間で、その後のラダック王国は、周辺諸国との勢力争いに敗れて衰退し、十九世紀に滅亡。英国統治下のインドでジャンムー・カシミール藩王国に併合され、第二次世界大戦後はインドに帰属することになった。

かつての栄華の名残を感じさせるレーの旧市街も、急激な変化の波に晒されている。この一帯の再開発計画の噂は、昔から後を絶たない。利権やら何やら、いろいろややこしい事情が絡んでいて、住民の間でも意見が割れているそうだ。チベット・ヘリテイジ・ファンドなどによる旧市街の建物の修復活動も地道に続けられているので、何とか、よりよい方向に向かってくれるといいのだが。

変わるもの。変わらないもの。変えるべきこと。変えてはならないこと。その見極めは、いつも難しい。ラダックにかぎらず、どんな国や場所でも。

小さな茶碗に注がれたコーヒーを飲み終え、鴨居に頭をぶつけないように用心しながら、ララズ・カフェを出る。ジャマー・マスジットと呼ばれるイスラーム教のモスクの脇を抜け、メイン・バザールから北に伸びる細い路地を歩いていく。

このあたりには、スィク教徒の寺院であるグルドワラがあったり、イスラーム教徒のモスクや住宅が集まっていたりもする。路地の左右には、昔ながらのかまどでカシミール風のパンを焼く、イスラーム教徒のパン屋が軒を連ねている。朝のうちは大盛況だが、夕方前の今の時間帯は、どの店の人もほぼ仕事を終えていて、売れ残りのパンを軒先に積み、のんびりくつろいでいる。

チベット文化圏と聞くと、住民はみな仏教徒と思われがちだが、ラダックには仏教徒のほかに、イスラーム教徒、スィク教徒、ヒンドゥー教徒、キリスト教徒など、異なる宗教を信仰する人々が共存している。宗教間での諍《いさか》いがまったくないわけではなく、トラブルの話も聞くけれど、ほかの国や地域と比べると、それなりにうまく折り合いをつけて共存しているようだ。

五、六人の小さな子供たちが、わあっとはしゃぎながら僕を追い抜いて、坂の上へと駆けていく。この路地の坂を上って、車道に出て、さらに歩いていけば、僕の泊まっている宿に着く。

そろそろ帰るか。今日の晩ごはんは、何だろうな。

レーの街と、かつての王宮
レーチェン・パルカル

もう一つの家族

Leh

ノルブリンカ・ゲストハウスの台所のテレビは、画面の左上が七、八センチほど、黒く欠けている。ぶつけたか何かで液晶にひびが入って、その部分が表示できないようだ。

残りのまだ表示できる画面では、衛星放送のニュース番組が流れている。どぎつい赤の強調文字、派手な効果音。ヒンディー語がほとんどできない僕にはよくわからないが、インドのどこかの新興宗教の教祖のゴシップネタらしい。その、やたら大仰な演出のワイドショー番組に、この宿のオーナーのツェタンは、じっと見入っている。初老の彼は小柄でやせていて、どことなく晩年のチャップリンに似た顔つきをしている。

昔のラダックでは、テレビはわずかなチャンネル数しかなく、映像もノイズだらけだった。最近は衛星放送が広く普及して、どこの家でも、たくさんのチャンネルを鮮明に受信できる。毎日夕方頃には、ラダック語で作られたラダック語の番組も放送されている。

「……デチェン」と僕。「あのテレビ、どうして画面の角が壊れてるの？」

「さあ。何でかねえ」晩ごはんの支度をしながら、おかみさんのデチェンが鷹揚《おうよう》に答える。夫のツェタンとは対照的な、恰幅《かっぷく》のいい身体つきに、丸い瞳の、人なつこい顔。

「あれ、ジミの結婚式の時に、お祝いにもらったんじゃなかったたっけ？」

台所の隅で壁にもたれて座っていた次男のジミは、手元でスマートフォンをいじりながら、おどけた調子で「アイ・ドント・ノー」と首をすくめた。医師の女性と結婚し、息子も生まれた彼は、近い将来に自分たちの家を建てる準備をしつつ、奥さんが息子と暮らしている彼女の実家と、勤め先の役所のオフィスと、この家との間を、行ったり来たりしながら生活している。

「その冷蔵庫も、ジミの結婚式の時にもらったんだけどねえ」テレビの左に置かれている薄いピンク色の冷蔵庫を、デチェンが指さす。「何を入れたらいいんだろうねえ。果物と、ジョ（ヨーグルト）くらいしか入れてないよ。停電したら冷えないしねえ」

「逆に冬は寒すぎて……」

「ラダック全部が、冷蔵庫みたいになるしね！」

　そう言ってデチェンが笑ったところで、ガスコンロの上の圧力鍋が、プシューッ！　と蒸気を吹いた。彼女は、ぽん、と鍋の栓を叩き、火から下ろして、別の鍋を載せた。

「ツェリンは、どこにいるの？」

「バザールだとさ。さっき電話したら、友達と一緒だって。あの子、晩ごはんに戻ってくるのかねえ。さあ、このスパク（おかず）を温めたら、先にごはんにしちゃうからね！」

　ラダックの料理というと、蒸し餃子のモモや、汁麺やすいとんのような料理の総称であるトゥクパなど、チベットに由来のある料理がよく例に挙げられる。そうした伝統的な料理も食べられているが、インドから影響を受けた食事も、ラダックの家庭には広く浸透している。ラダックでは栽培できないのでインド本土から持ち込まれる、米を中心にしたメニューだ。

　デチェンが今夜作ってくれたのは、圧力鍋で炊いた米飯に、ダールと、庭の菜園で穫れた青菜をスパイスと一緒に軽く煮たもの。食べ盛りの男の子に食わせるのかというくらい大盛りにした皿を、デチェンは「ほい」と僕に差し出す。

右手を顔の前に軽くかざし、「チョッ」と唱えて、さじを口に運ぶ。ラダックの人々が食事の前に唱えるお祈りは、もっと長い文言なのだが、僕には覚えきれないので、省略形としてよく使われる「チョッ」ですませている。

「ジンポラ（おいしい）」

「オー、ジュレジュレ」

デチェンの料理は、味付けは控えめなのだが、穏やかで優しい味で、米飯と一緒にする食べられる。使っている野菜が新鮮なのと、火加減とさじ加減が絶妙なのもあるだろう。伝統料理のモモやトゥクパも、デチェンが作ると、びっくりするほどおいしい。

レーのこの宿に泊まる間、僕は食事代を別に払って、朝と夜は家の人たちと同じものを食べさせてもらっている。これだけうまい食事を毎日食べられるなら、レーの街でわざわざ外食する理由がない。

……そんなことを考えながら無心でがっついていると、目の前に、デチェンの差し出した、ダールのなみなみ入ったおたまが近づいてきていた。

「うわ！　ちょっ……びっくりしたあ！」

「タカ！　ドン・ドン（さあ、食べな）！」

「あー、マン・ディグレ（いや、大丈夫）」

「ザンス・マチョ（遠慮すんじゃないよ）！」

「うーん、じゃあ……ニューンジック（ちょっとだけ）」

案の定、ちょっとどころか、一膳目と同じくらいの量がよそわれてしまう。

「ほら、ジミ！　ツェタン！　あんたたちも！」

食事やお茶の時、相手が何度断ってもぐいぐいすすめて、めいっぱい飲み食いさせようとするのは、ラダック人にがっちり根付いた、もてなしのメンタリティだ。ラダックではどこに行っても、いつもこういうやりとりが発生する。

「んん！　もう時間だ！」急にデチェンが声を上げた。「ジミ、そこのリモコンを取っておくれ。アショーカが始まってるよ！」

手渡されたリモコンでデチェンがチャンネルを変えると、彼女がいつも見ている、平日夜の連続ドラマ枠に画面が切り替わった。古代インドの王、アショーカ王の少年時代を題材にしたドラマ。こちらも負けず劣らず、大仰な効果音とカメラワークの番組だ。

「ああ？　何をしとる！　勝手に変えるな！　見てたんだぞ！」ツェタンが声を荒げる。

「何言ってんだい！　あんたはさっきまで、ぼーっと眺めてただけじゃないか！」

「ちゃんと見とったんだ！　こんなドラマなんぞ、どうでもいい！」

「あのくっだらないニュースこそ、どうでもいいよ！　あんたがテレビを見てる間、あたしはずっと、料理してたんだ。このアショーカくらい、見させとくれ！」

デチェンの気迫に押され気味のツェタンは、すっかりスネてしまって、食事を食べ終えるか終えないかのうちに、ふいと台所を出ていってしまった。

「はーっ！　あの人はほんと、子供みたいだねえ。ねえ、タカ！」

家事の分担からテレビのチャンネル争いまで、この家では、いろいろなきっかけで家族ゲンカが勃発する。一応泊まり客である僕の目の前でも、まったくお構いなしにおっぱじまるのだ。そういうケンカの場に居合わせるたび、やれやれ、と思いつつも、僕はどこか、ほっとした気分にもなる。


ラダックについての最初の本を書くために長期取材を始めた頃、このノルブリンカ・ゲストハウスには、デチェン以外、ほぼ誰もいなかった。

　今は定年退職してレーで暮らしているツェタンも、当時はまだデリーに単身赴任していて、政府系の役所で働いていた。長男のアチュク（ワンチュク）はジャンムー、次男のジミ（ジグメット）はデラドゥン、三男のツェリンはパンジャーブ州の方で、それぞれ大学や寄宿学校で学んでいた。ゲストハウスの仕事が忙しくなる夏の間は、彼らも入れ替わり立ち替わり帰省してデチェンを手伝っていたけれど、そうでない時期は、デチェンと僕の二人しかいないことの方が多かった。

　当時のデチェンは、毎晩、夫や息子たちに電話をかけていて、それが一日のうちで彼女が一番愉しそうに見える時間だった。親戚やご近所さんも、デチェンを気遣って毎日のように訪ねてきて、台所で茶飲み話をしていた。それでも僕は、彼女が寂しさを抱えたまま日々を過ごしていたこと、寂しさを感じるたびに仏教の本を読んで心を静めようとしていたことを知っていた。

　僕も、当時はラダック各地を取材して回っていたので、常にレーにいるわけではなかったのだが、それでもノルブリンカ・ゲストハウスにいる間は、デチェンの寂しさを紛らすことのできるおしゃべり相手の一人として、少しは役に立てていたのかもしれない。僕自身も、取材で難題やトラブルに直面してくじけそうになるたびに、デチェンたちの励ましに救われていた。

今は、みんな、ラダックにいる。定年退職したツェタンは、宿の切り盛りに専念するようになった。三人の息子たちは大学を卒業し、それぞれラダックで仕事を見つけた。長男のアチュクは、郊外のティクセにあるツェタンの実家の土地を相続し、そこで暮らしはじめた。アチュクとジミはどちらも意中の彼女と結婚し、どちらにも息子が生まれた。デチェンもツェタンも、幼い孫たちにはまるで目がなくて、甘やかしてばかりいる。

離ればなれだった家族の距離がまた近づいて、幸せの裾野が広がっていくのを近くで見ていられるのは、僕にとって、本当にうれしいことだった。日々の些細な家族ゲンカですら、ほっとする。彼らは僕にとって、もう一つの大切な家族なのだと思う。

誇りをまとって

Leh

ラダックについての本を書くため、長期滞在を始めたばかりの頃。ゴンチェを買おう、とある日僕は思い立った。

ゴンチェというのは、ラダックの伝統的な民族衣装で、男性用は前合わせの、女性用はワンピースに近い形の、丈の長いコートのような服だ。夏用のものには薄手のウール生地、冬用のものにはナンブーと呼ばれる分厚いフェルト生地が使われる。

最近のラダックで、普段からゴンチェを着ているのは年輩の人々だけだが、結婚式や伝統行事などの改まった場では、ほとんどの人が正装としてゴンチェを着る。それで僕も、何かの場に呼ばれても困らないように、自分用のゴンチェを買っておこうと思ったのだ。

「デチェン。僕、ゴンチェを買いたいんだけど、どこの店がいいか、知ってる？」

「買うのかい？　ゴンチェを？　店に吊るしてるのは、買わない方がいいよ」

「どうして？」

「ゴンチェはね、身体の寸法をちゃんと測って、それに合わせて作らないと、みっともないことになるんだよ」

「オーダーメイドだと、高くならない？」

「全然！　いい仕立て屋さんを知ってるから、明日、連れてってあげるよ」

翌日、デチェンが案内してくれたのは、レーの街でイスラーム教徒のパン屋が軒を連ねている一角の建物の二階にある、小さな仕立て屋だった。看板も何もない部屋に、使い込まれた黒いミシンと、壁に何着かかけられた納品前のゴンチェ。店主は禿頭で鋭い目つきの、ぼそぼそとした話し方をする男で、日付と採寸の数字でびっしり埋まった帳面をめくりながら、「一カ月後くらいになるけど、いいか？」と言った。

「全然問題ないです。急いでないので」

「じゃあ、そこに立って」

店主は細いメジャーで、僕の身体の寸法をささっと測り、数字を帳面に書きつけた。

「トラディショナルとモダン、どっちがいい?」

「……何がですか?」

「モダンはね、今風の細身の仕立てで、トラディショナルはゆったりした昔風の仕立てのことだよ」横からデチェンが教えてくれた。

「じゃあ、トラディショナルでお願いします」

仕立て屋での採寸が終わった後、デチェンは僕を、メイン・バザールにある布地屋に連れて行ってくれた。布は自分で選んで買ったものを、さっきの仕立て屋に渡すのだ。夏用のゴンチェにするつもりなので、濃いグレーでやや薄手の生地を選ぶ。腰に締める帯は、ブータンからの輸入品という、少しくすんだピンクの帯を選んだ。

それから、一カ月後。僕は仕立て屋で受け取ったゴンチェを宿に持ち帰り、ジミに帯の締め方を教わりながら、袖を通してみた。想像よりもずっと、ゆったりとした着心地だ。丈が長いので、裾さばきには少し慣れる必要があるが、仕上がり自体は申し分ない。

「タカ、庭に出ろよ。写真を撮ってやるから」

ジミは僕を宿の庭先に連れ出し、ニタニタ笑いながら、僕のカメラで何枚か写真を撮ってくれた。カメラの液晶モニタでその写真を見てみると、確かに身体の寸法には合っているが、似合っている、とまでは思えなかった。何というか、ゴンチェに「着られてる」感が否めない。

いまいちしっくりこなかった理由は、当たり前と言えば当たり前なのだが、僕が、ラダック人ではないからだろう。ゴンチェが本当の意味で似合うのは、この土地で生まれ育った人々だけなのかもしれない。

ゴンチェのほかにも、ラダックには、古くから伝わる伝統的な様式の装具がある。シルクハットに似た形をした刺繍入りの帽子、ティビ。女性が羽織る鮮やかな色彩の刺繍入りマント、ボク。フェルトと革を縫い合わせて作られるつま先のそり返った靴、パブー。どれも、正装の時に身につけるものだ。こうした装具は手作りでしか作れないものが多く、特にパブーなどは、作り方を知っている人がどんどん少なくなっているという。

ラダックの民族衣装の中でもっとも華やかで象徴的な存在は、ペラクだろう。結婚式や高僧をお出迎えする時など、ここぞという場で女性が頭にかぶる装具だ。頭頂部から背中にかけて、無数のトルコ石がびっしりとちりばめられた帯があり、左右に黒いフェルトの張り出しがある。左右の張り出しはコブラの頭の形を模したもので、コブラとトルコ石は、ラダックの水の精霊、ルーを象徴しているという。ペラクはとても高価なので、母から娘へと受け継がれていく家宝として、大切に扱われている。

外界から物資や文化が大量に流入するようになった今のラダックでは、多くの人々が、普段から洋服を身につけるようになった。レーの街でも、中国製やインド製の安価な洋服が、至るところで山と積まれている。着回しや洗濯の時の手軽さを考えると、無理もないのかもしれない。

そんな状況の中で、昔ながらの素材や様式を大切にしながらも、それらを現代的なファッションと融合させて、新しい潮流を生み出そうと取り組んでいる人たちもいる。その先鞭《せんべん》をつけたのは、ジグメット夫妻の経営するジグメット・クチュールだ。

以前は外資の大手アパレルメーカーで働いていたというジグメット夫妻は、羊毛やパシュミナなどの天然素材を、ラダックで昔から伝わる製法で布地にし、伝統的な民族衣装のスタイルに現代風のアレンジを施した服を作って、レーで開業した自分たちの店で売りはじめた。彼らの服は瞬く間に評判になり、結婚式の時などに着る一張羅《いっちょうら》を、オーダーメイドで注文する客が殺到するようになった。

ジグメット夫妻は、僕のラダック人の友人の親戚でもある。以前、レーの旧市街の外れにある、彼らの屋敷を訪ねたことがあった。伝統的な建材と工法で建てられた三階建ての屋敷は、中央に木製の階段付きの吹き抜けがあったり、応接間には楽士を招いて演奏してもらう際の桟敷《さじき》があったりと、ラダックでもめったに見られない、瀟洒《しょうしゃ》な造りだった。

「二階から上は、僕らが集めたテキスタイルのコレクションを展示している、ミュージアムなんだ。予約をした人だけ、見てもらえるようにしているんだよ」

夫妻はそう言いながら、彼らがコツコツと蒐集してきた、ラダックの古い衣装や装具の数々を見せてくれた。百年以上も前のものとは思えないほど、艶《あで》やかで精緻な刺繍の施された服。かつての王国を支えていた貴族、東西を交易で旅していた商人、高地で暮らす遊牧民……。丁寧に陳列されたコレクションに見入っていると、はるか昔にこの地に生きていた人々の息遣いが、生々しく甦ってくるような気がした。

ジグメット夫妻の作る服がラダックの人々の間で支持されているのは、彼らのものづくりの根底に、伝統文化の源流に対する憧れと探究心、そして何より、彼ら自身がラダック人であることの誇りが、脈々と息づいているからだと思う。

古きものと、新しきもの。ラダックの伝統文化は、長い時を経て千変万化しながらも、彼らのような人々によって受け継がれていく。

マルカ谷を歩く

Markha Valley Trek

七月五日

朝、ノルブリンカ・ゲストハウスの三男ツェリンが運転する車で、宿を出る。メイン・バザールで待ち合わせていた友人、パドマ・ドルジェを乗せ、トレッキングの出発地点、スピトクへ。パドマは今回のトレッキングのガイドではないが、ホースマン（馬番）を紹介してくれたのが彼なので、出発前に引き合わせてくれることになったのだ。

スピトクの村の近く、インダス川に架かる橋のたもとに着くと、一人の男が待っていた。中肉中背、日に焼けた朴訥《ぼくとつ》な顔、細い目。着古した水色のジャージに、白いキャップをかぶっている。

「ホースマンの、コンチョックだ」車を降りて、彼と軽く握手を交わしながら、パドマが言う。「マルカ谷のドルトクリンの出身だ」

コンチョックの背後には、三頭の馬がいた。二頭は茶色で、一頭は黒。七日間の行程で二人分の荷物と食糧を運ぶには、馬が多すぎるような気もする。

「二頭でもよかったのに」

「まあ、そう言うな。ホースマンの報酬は、馬の数と日数で決まる。二頭じゃ割に合わないんだよ」パドマが答える。「コンチョックは、マルカ谷を隅から隅までよく知ってる。全部任せておけば、安心だよ」

馬に荷物の入ったズダ袋と食糧を詰めた木箱を積み、車でレーに戻るツェリンとパドマを見送ってから、よおし、と歩きはじめる。土くれと石ころばかりのゆるやかな斜面を横切る、未舗装路を歩いていく。空は曇っていて、周囲の景色も薄墨色に沈んで見える。

僕たちが目指しているマルカ谷は、レーからインダス川とストク山脈を挟んで南側に横たわる渓谷地帯だ。レーから比較的近い場所にあるので、外国人旅行者の間では人気のトレッキング・ルートになっている。僕たちは今日から三日かけて、マルカ谷の手前にある標高四千八百メートルの峠、ガンダ・ラを越える。その後は三日でマルカ谷を西から東へと抜け、最後に標高五千百メートルの峠、コンマル・ラを越えて、ヘミスの方面に下る。全体的にさほど難しいルートではないそうだが、まあ、油断はできない。

歩いても、歩いても、景色がほとんど変わらない。同じ場所で足踏みをし続けているような気分になる。人類が火星に降り立ったら、こんな景色を目にするのかもしれない、と思う。二時間ほど歩き続けたところで、道はようやく左に曲がりはじめ、南の山の方へと切れ込んでいく。傾斜はそれほどきつくない。左右から、切り立った断崖が迫ってくる。

道端に茶店のテントがあったので、チャイを飲んで、少し休憩。再び歩き出し、断崖に挟まれた細い川沿いの道をさらに一時間ほど遡っていくと、今夜の幕営地、ジンチェンに着いた。

馬たちから荷物を下ろし、テントを張る。コンチョックが、遅めの昼飯にメギとバナナを用意してくれた。緑の木立に囲まれたキャンプサイトは、すぐ近くを川が流れていて、せせらぎの音が心地いい。サアッ、と梢が風に揺れる。空が晴れてきた。黒、白、青の羽を持つカササギの仲間が一羽、木立の上を飛んでいく。

晩飯は、チュタギ。練って伸ばして丸く抜いた小麦粉を、リボンのような形にして、野菜と一緒に煮た料理だ。さじを口に運びながら、コンチョックは飛ぶように流れていく雲を見上げ、「明日は、晴れて、暑くなるよ」と言った。

七月六日

どんよりと曇った空。昨日の夜は、たくさん星が見えていたのに。

「今日は晴れるっていう予想、外れちゃったね」

テントにチャイを持ってきてくれたコンチョックにそう言うと、

「今日の行程は、晴れてると暑くて大変だから、ちょうどいいよ」と返された。それはそうかもしれないが、この曇天、写真を撮るには、ちょっとつらい。

荷物をまとめて馬たちに積み、出発。まずは、ルムバクの村を目指す。細い道は、川の左岸と右岸を行ったり来たりしながら、山の奥へと続いている。道が川で途切れるたびに、流れの中に横たわっている丸太や大きめの石を足がかりに、対岸に渡る。

巨大な門のように左右にそびえる岩塊の間を抜け、棘だらけの野薔薇《のばら》の木がところどころに生い茂る道を歩いていく。二時間ほどで、ルムバクの村が見えてきた。麦畑の緑と、菜の花畑の黄色が、目に眩しい。小さいけれど、居心地のよさそうな村だ。村の入口近くにある茶店のテントで、チャイを飲んで少し休憩する。

ぽつぽつと、雨がぱらついてきた。再び出発。道は、じりじりと登りにさしかかる。少し立ち止まって、腰に手を当て、周囲を見回す。巨大な斧で叩き割られたかのような、赤紫色の断崖。ぐんにゃりとねじ曲がった、緑青《ろくしょう》色の地層。たなびく白いもやの向こうに、現実離れした光景が続く。

古い大きな家の建つユルツェという集落を過ぎ、道は、さらに急勾配になっていく。標高は、四千メートルを超えた。呼吸が苦しい。吸っても吸っても、酸素の補給が追いつかない。時々立ち止まって、ふーっと息をつき、カメラバッグのストラップが食い込む肩をさすって、また歩き出す。歩きはじめて二日目でこの登りは、なかなかきつい。

この日の幕営地、ガンダ・ラ直下のベースキャンプに到着したのは、昼をだいぶ過ぎた頃だった。斜面に広がるわずかな草地に、上の方から細い川が流れてきていて、白い天幕の茶店兼簡易宿泊所が一軒ある。ぱらつく雨が、今にも霙《みぞれ》に変わりそうだ。急いでテントを張り、フリースと防水素材のジャケットを重ねて着込む。

ベースキャンプのすぐ近くに、一頭の犬とともに、数十頭の羊とヤギを追っている老人がいる。日焼けした顔、丸い眼鏡と野球帽。標高の高さも、きつい傾斜も、まったく気にならないという素振りで、ひょいひょい歩き回っている。

茶店の天幕の中をのぞくと、コンチョックが自前のケロシンストーブで、遅めの昼飯にメギを作ってくれていた。この茶店の主は、ルムバクの村出身の老人で、トレッカーの往来がある夏の間はここに来て、このベースキャンプの管理をしているのだという。

「さっき、外で羊を追っていたのも、ルムバクの人ですか？」

「ああ、あいつか？　そうじゃよ」

「こんな高いところまで羊たちを連れてくるなんて、すごいですね」

「たいしたこたあない。まあ、あいつの方が、わしよりメメレ（じいさん）だがな！」

　茶店の主はそう言って、フハハッ、と愉しそうに笑った。

七月七日

　雨粒がぱらぱらとテントを叩く音で、目が覚めた。今日も天気はイマイチなようだ。

　荷物をまとめ、茶店の天幕の下で雨を避けながら、昨日放しておいた馬たちを探しに行ったコンチョックが戻るのを待つ。一頭が、思いのほか遠くまで行ってしまっていたようで、揃うまでかなり時間がかかってしまった。急いで朝飯のメギと即席スープをかっ込んで、出発。

　降り続く雨は、峠を登っていくうちに、雪に変わった。ふりかえると、下から白い雲が波打つように斜面を這い上がってくる。やがて、周囲は完全に雲に閉ざされ、雪と相まって、視界がほとんど効かなくなってしまった。足元の小径を慎重に確認しながら、峠の頂上を目指す。

二時間後、ガンダ・ラに到着。峠の南西側には、雲がない。峡谷が優美なラインを描くその先に、マルカ谷の入口が見通せる。少し休んで、再び歩き出す。下りで急ぎすぎると足の筋肉に負担がかかるので、意識して、ややゆっくりと歩く。

足元を細く流れる水流の音。周囲を吹き渡る風の音。姿は見えないが、どこからか聞こえてくる、鳥のさえずり。そんな音に耳をすませながら、黙々と斜面を下っていく。

二時間後、シンゴという村に到着。古くて立派な民家と、谷間にこぢんまりと作られた麦畑、川べりに咲き乱れる花々。ここまで歩いてこないと、この美しい村を見ることはできない。茶店のテントで、朝に引き続き、昼飯にもメギを食べる。

ここからの道が、結構大変だった。峡谷の川沿いにうねうねと続く道を、灌木の枝をかいくぐりながら進む。しょっちゅう川を石伝いに渡らなければならなくて、油断すると、その先の道を見失いそうになる。互い違いに折り重なる山裾や、直径数メートルはある巨大な岩に視界を遮られ、どこまでこの調子で歩いていけばいいのか、感覚がつかめない。下り続きで、足のつま先が痛い。気温はどんどん上がってきて、朝のうちに着ていた上着とフリースも、すっかり余計な荷物になってしまった。

シンゴから歩き続けて三時間後、今日の宿泊地、スキウにようやく到着。古い仏塔がたくさんある、小さな集落だ。キャンプサイトの脇の茶店に行くと、店番のおばちゃんが、「コーラ、あるよ!」と、半地下の貯蔵庫から、冷えひえのコーラのボトルを出してくれた。こういう場所でぐびぐび飲むコーラは、何だかんだ言っても、うまいことは否定できない。

この旅でコンチョックが使っているテントは、インド軍のパラシュートを天幕代わりにして、真ん中に棒を立てたものだ。その中にお邪魔して、コーラを飲みながら休憩していると、同じキャンプサイトにやってきた別のグループのラダック人ガイドたちが、次から次へと集まってきた。ラダック語をしゃべる妙な日本人がいると聞きつけて、見物に来たらしい。

「ジャパンパ・アチョ（日本のにーちゃん）、ラダック語、しゃべれるんだな！」

「どこで覚えた？　何でここに来たんだ？」

「ヨメはいるのか？　日本のタバコ、持ってるか？」

自分たちのお客さんの相手は、しなくても大丈夫なんだろうか。まあ、別にいいけど。

七月八日

トレッキング中は、毎朝五時頃には目が覚めてしまう。テントの中でゆっくり荷物をまとめていると、コンチョックも起きていたのか、チャイの入ったコップを持ってきてくれた。今朝はよく晴れていて、空には雲一つない。暑くなりそうだ。

即席スープとチャパティ（練った小麦粉を薄く伸ばして焼いたもの）を食べ、七時少し前に出発。今日からは、マルカ谷の川沿いの道を歩いていく。朝の涼しい時間帯のうちに、なるべく先に進んでおきたいところだ。

道はほとんど平坦で、たまに、ちょっと上り下りがあるくらい。谷間が作る日陰を歩いていると、涼しくて、身体も楽だ。朝の光に青い影を作る、尖った岩山。川沿いに茂る緑の木々と、その木陰でひっそりと草を食む、栗毛の馬。道端に残る、朽ちかけた仏塔。この谷を歩くトレッキングが人気なのも、よくわかる気がする。

太陽が昇るにつれ、日陰は小さくなり、気温も高くなってきた。陽射しが、容赦なく首筋や腕に照りつける。水筒から少しずつ、こまめに水分を補給する。少し前を歩くコンチョックは、わざとゆっくり馬たちを追ったり、茶店のテントを見つけるたびに「休んでいくか？」と声をかけてくれたりする。体力のない僕を気遣ってくれているのだろう。

チャラクという村の茶店で場所を借りて、昼飯。コンチョックが昨日のうちに作ってくれていた、カリフラワー入りのターメリックライスと、ゆでジャガイモを食べる。食べ物を口にすると、くたびれた手足に力が戻ってくるのがわかる。

それからしばらく先に進むと、川の浅瀬を渡渉しなければならない場所に出た。水深はごく浅い。靴と靴下を脱ぎ、水の中に踏み込んでいく……冷たっ！　いきなり氷水に足を突っ込んだかのようだ。ヒマラヤの雪解け水は、真夏でもここまで冷たいのか。暑さで火照っていた身体の体温が、一気に下がったような気がした。

歩きはじめて約七時間後、マルカに到着。このあたりでは、一番大きな村だという。中央に城砦《じょうさい》の跡があり、周囲を古い家々が取り囲んでいる。

コンチョックはキャンプサイトを通り過ぎ、村外れの川のほとりにある、気持よさそうな草地で足を止めた。さすが、地元出身だけあって、いい場所をよく知っている。馬たちから荷物を下ろして、テントを張った後、草地で足を伸ばして、寝そべってみる。柔らかくて心地いい。陽射しも、少し穏やかになってきた。

カメラを手に、村の中を少しぶらつく。水路のそばで、おばさんとその娘らしき若い女の子が、洗濯をしている。

「ジュレー、アチェレ（お姉さん）」おばさんに声をかけてみる。「ナクシャ・ギャプナン・ディガレ（写真を撮らせてもらってもいいですか）？」

「あたしを？　カムロッコ（最悪）！」おばさんはそう言いながらも、おかしそうにケラケラ笑う。

「じゃあ、そっちのチョチョレ（お嬢さん）は？」

「チョチョレ、だって！　オーレ（いいわよ）！」

女の子はきらっと目を輝かせ、頬かむりを取って、ニコッと笑ってくれた。こんな、どうということのないやりとりが、何だかとても愉しい。

晩飯は、米飯とダールを、コンチョックがたっぷり作ってくれた。疲れを回復させるべく、腹がはちきれそうなくらい、しっかり食べる。自分のテントに戻る時、暮れ色の西の空には、切り紙細工のようなマルカの城砦の影が浮かんでいた。

七月九日

今朝もいい天気だ。七時に出発。村を離れてすぐ、何度か川を渡渉する。昨日、マルカの手前で渡渉した場所よりも水深は深そうだ。ザアザアと激しく流れる水は白く濁っていて、どこが浅くてどこが深いのか、よくわからない。転んでも流される心配はなさそうだが、カメラバッグが水に浸かってしまうとまずい。

コンチョックが指示してくれた場所から、川の中に踏み込んでいく。流れが速いので、川の流れと直角に渡ろうとすると、バランスを崩してしまう。川上に身体を向け、横歩きのような形で、一歩ずつ進む。水が、恐ろしく冷たい。一度踏み込んだら一気に渡らないと、冷たさに耐えられない。人間二人と馬三頭、ヒイヒイ言いながら、どうにかこうにか、渡り切った。

「午後は、もっと水量が増えるんだ」濡れた足をぬぐい、靴を履き直しながら、コンチョックが言う。「雨が降ると、もっと難しくなる。昨日今日と、いい天気でよかった」

今日の行程も、ほぼ平坦で、歩くのは楽だ。ふと見上げると、万年雪を戴いた高峰が、空を貫くようにそびえている。岩山が影を落とす緑の麦畑では、村人が水路から水を引く作業をしている。この谷では、たぶん何百年も前から、まったく同じ光景が続いている。

ハンカルという村にさしかかった頃、道端にあった白い天幕の茶店の前で、コンチョックは足を止め、馬たちをつないで、中に入っていった。

「今、ここの店番をしてるのは、うちの家内なんだ。抱いてるのは、一番下の息子」

「おお、そうなんだ。ジュレー」

コンチョックは、右手の親指をしゃぶったまま離さない息子を抱きかかえ、耳元で優しく何かをささやいた。

「お子さんは、あと何人？」

「上に、もう二人いる。女の子と、男の子。二人とも、シェイの寄宿学校にいるんだ」

コンチョックが普段住んでいるドルトクリンの村は、ハンカルから少し北に入ったところにあるという。僕たちはいったん奥さんたちと別れ、彼の家に向かい、今夜はそこで泊まることにした。

コンチョックの家は、なだらかな谷間の斜面に建てられた、こぢんまりとした平屋だった。家の前の段々畑には鮮やかな黄色の菜の花が咲いていて、たくさんの白い蝶が、その上をひらひらと舞っていた。軒先の草地に、テントを張らせてもらう。

コンチョックは、家の脇につながれていた、一頭のロバの具合を確かめていた。見ると、お尻のあたりに、何かにえぐられたような赤い傷がある。

「この間、夜中に、ユキヒョウが村に下りてきたんだ。で、こいつの尻を、パクッとかじって、逃げてった」

絶滅危惧種に指定されているユキヒョウが、当たり前のように現れる場所なのか、ここは……。ユキヒョウは人間の気配を嫌うそうなので、夜、テントで寝ていても襲われる可能性は低いが、それなりにスリリングな一夜になるのは間違いなさそうだ。

晩飯は、店番から戻ってきた奥さんとコンチョックが、野菜を具にした熱々のモモをこしらえてくれた。食べ終えた後、まだ外が明るかったので、コンチョックの案内で、ドルトクリンの村を少し散歩する。石垣の上に座っている三人の子供たちが、珍しい生き物を見つけたような目で、僕を見ている。「ジュレー、ノノ・スムカ（三人の坊やたち）」と声をかけると、さらに大きく目を見開き、キャッキャと笑う。

先を歩いていたコンチョックは、一軒の家に入っていった。中では、彼の知り合いらしき男が居間の床に座って、チュンメ（灯明）に使う芯を撚っているところだった。

「チャン、飲むか？」

二人はそう言って、大麦で作ったラダックのどぶろく、チャンをごちそうしてくれた。白濁した微炭酸の酒で、ほのかに甘味と酸味があって、おいしい。うまそうにチャンをすする僕を見て、二人はクックッと笑う。

チャンのおかげで、今夜はぐっすり眠れそうだ。ユキヒョウの件は、とりあえず忘れることにしよう。

七月十日

昨日の夜、幸いにもユキヒョウの来訪はなかった。テントの入口から、外を見る。あいにくの曇り。コンチョックの家では、彼と奥さんが、カリフラワーの炒め煮とチャパティを用意してくれていた。しっかり食べて、荷物をまとめて馬に積み、出発。

今日の行程は、距離はそれほど長くないが、ずっと登りだ。高低差は、たぶん千メートル近くある。歩きはじめて二時間ほどで、タチュンツェと呼ばれるキャンプサイトを通過。褐色の砂礫に覆われた斜面を、ぜいぜいあえぎながら、一歩ずつ、登っていく。ところどころ、地面にへばりつくようにして、花が咲いている。黄色い花、紫色の花、白い花。標高はもう、四千メートルを超えているというのに。

三、四時間ほど歩き続けた後、小さな池のほとりで、先に行っていたコンチョックが、馬たちと一緒に待ってくれていた。

「ちょっと早いけど、ここで昼飯にしよう」

そう言って彼は、朝のカリフラワーとチャパティの残りとゆでジャガイモを包んでおいたのを出してくれた。冷めているが、うまい。食べ終えた後、コンチョックは池の水を手ですくって、うまそうに口を潤した。

「飲めるの？」

「ティク、ティク（大丈夫、大丈夫）」

僕の水筒は、もうすっかり空になっていた。ええいままよ、と池の水を汲み、飲んでみる。きりりと冷たく澄み切っていて、うまい。水筒も満タンにしておくことにした。

再び登りはじめると、雲の切れ間から、うっすらと陽が射してきた。見上げた空には、翼幅《よくふく》が二メートルはありそうな大きなワシが二羽、上昇気流を両翼に捉えて、ゆったりと弧を描いている。彼らの目に、僕たちは、この地上は、どんな風に見えているのだろう。

この日の幕営地、ニマリンに着いたのは、昼を少し過ぎた頃だった。冷たい風の吹きすさぶ、だだっ広い平原に、白い天幕の茶店が、ぽつんと一つだけある。水場に近いところにテントを張って荷物を入れ、少し落ち着いてから、茶店に入って、チャイを飲む。頭が少し、ぼーっとする。ここの標高は、四千七百メートルくらいあるはずだ。体感温度もかなり低く感じる。

早めの晩飯は、ダールと米飯。日が暮れる直前、このあたりで放牧されているらしい数百頭のヤギの群れが、すぐ近くにやってきた。ヤギたちは、細い川に架かる小さな橋を行儀よく整列して渡った後、石垣に囲まれた彼らの寝ぐらに、身を寄せ合ってみっしりと収まった。ここで夜の寒さをしのぐには、くっつき合うのが一番なのだろう。僕も今夜は、手持ちの服を全部重ねて着てから、寝ることにしよう。

七月十一日

昨日の夜は、本当に寒かった。地面から、テントの底面とマットレス、寝袋を全部通して、冷気が這い上がってきて、一時間おきに目が覚めてしまった。眠ったというより、ほぼ目をつぶっていただけという感じ。朝、テントにはびっしりと霜がつき、脱いでいた靴も外側が凍ってしまっていた。

澄んだ空には、ひとかけらの雲もない。コンチョックは自分のテントで、練った小麦粉にバターを練り込んで焼いたパラータと、即席スープを用意してくれていた。食べ終えた後、彼と馬たちより少し早く、一人で出発。ニマリンの東、さらに数百メートルほど高い場所にある峠、コンマル・ラを目指す。

はるか上方まで続く斜面の先に、峠の頂上に積まれた石塚が、ぽつんと見える。数十歩ごとに立ち止まって呼吸を整えながら、ゆっくりと登っていく。ふりかえると、ニマリンの西の山陵の向こうに、カッターナイフの先端のような形の雪嶺《せつれい》がそびえている。標高六千二百メートルの高峰、カン・ヤツェだ。

出発して二時間ほどで、コンマル・ラに到着。石塚の脇では、無数の色褪せたタルチョが、はたはたと風に揺れていた。あちこちに残雪が残っている。東に連なる山と山の間にちらりと見える緑は、サクティの村だろうか。ラダックは空気が乾燥して澄み切っているので、遠くの景色まで、驚くほど鮮明に見える。

峠の東側は、かなりの急斜面で、道も小刻みなジグザグをくりかえしている。途中、紫色の花弁が手毬のように丸くきれいに咲いている、高山植物の群生地があった。あまりの美しさに、しばらく立ち止まって見惚れてしまう。

ふと見上げると、谷を挟んですぐ近くの斜面に、十数頭のブルー・シープの群れがいるのに気づいた。青みがかった褐色の毛並みは、岩肌と同化して、すぐには見分けがつかない。群れのうちの何頭かは、立派な角を戴いた雄だ。そのうちの二頭がケンカを始めて、土煙をたてて斜面を駆け回っている。花々も、ブルー・シープたちも、旅の最後に思いがけず見せてもらえた贈り物のように思えて、うれしくなる。

急斜面を流れる沢を、右に左に渡渉しながら、下へ下へと歩いていく。靴も靴下もすっかり濡れてしまって、途中で脱いでみると、右足の裏に、マメができてしまっていた。皮膚がふやけてしまったからだろう。これ以上悪化させないように、かばいながら歩くしかない。追いついてきたコンチョックと馬たちに、先に行ってもらうことにする。

沢沿いを離れ、斜面に沿って続く単調な一本道を、ひたすら下っていく。足裏のマメが、刺すように痛む。急な下りで体重を支え続けてきた両足のあちこちが、ぎしぎしと軋む。どこまで続くのだろう、この下り坂は。もう少し身体を鍛えておくべきだった、と今さらながら思う。

やがて、とうとう、トレッキングの終点の村、シャン・スムドが見えてきた。集落の外れに、緑の草地のキャンプサイトと、白い天幕の茶店がある。今夜はここに泊まり、明日の朝出発するミニバスで、レーに戻ることになる。

一足先に到着していたコンチョックは、僕の姿を見ると、自分のテントに招き入れ、いつも通りの手際でチャイとメギを用意してくれた。

「ジュレジュレ。オブギャル・スキョットレ（お疲れさま）」

彼の肩を軽く叩きながらそうねぎらうと、コンチョックは、どうってことないという風に軽く肩をすくめ、でも少しほっとしたように、「いい旅だったな」とだけ言った。

マルカ谷、ウムルンの村に訪れた朝

ジミの結婚式

Leh

ラダックを旅するようになってから、現地の人々の結婚式に、これまで何度か参列する機会があった。友人だったり、友人の奥さんの妹だったり、あるいは、たまたま遭遇した、知らない人の結婚式の宴会になぜかお邪魔させてもらったり。

そういう経験を何度かするうちに、この土地で行われている結婚式の特徴というか、風変わりな面が、何となく飲み込めてきた。

ラダックの結婚式は、家から家への物理的な移動そのものが、儀式として大切にされている。女性が男性の家に嫁ぐ場合は、女性が自分の実家から男性の家へと移動する。男性が女性の家に婿養子に入る場合は、男性が自分の実家から女性の家へと移動する。移動という行為自体が、儀式の一部として組み込まれているのだ。かつては、馬で隊列を組んで移動していたそうで、遠く離れた場所に嫁ぐ時は大変だったという。今はほとんどの場合、自動車に乗って、家と家との間を移動している。

移動にかかる時間は短くなったが、ラダックの結婚式全体にかかる時間は、ものすごく長い。昼から夜を徹して翌朝まで、えんえんと宴会が続けられるのは、ざらだ。そういう宴会はたいてい、新郎の実家と新婦の実家でそれぞれ催されるので、両方に参加すると、本当にヘトヘトに疲れてしまう。それでも、一週間ぶっ通しで宴会を続けていたという昔の結婚式に比べると、短くなったとはいうのだが。

もう一つ、ラダックの結婚式は、びっくりするくらいハデ婚だ。新郎と新婦、それぞれの実家の財力にもよるが、ある程度余裕のある家だと、一夜に何百人もの客を招待し、食事や酒を大盤ぶるまいする。ご祝儀には、大型液晶テレビや冷蔵庫などの高価な品が気前よく贈られ、新郎新婦の衣装には紙幣が次々と差し込まれ、紙幣をつないだ首飾りまでかけられる。インド本土の多くの地域で見られるハデ婚の影響もあるのかもしれないが、それにしても、このヒマラヤの山奥で、よくもそこまで、というくらいの豪奢《ごうしゃ》さなのだ。

レーのノルブリンカ・ゲストハウスの次男、ジミことジグメット・スタンジンと、妻のパドマ・チョスドンの結婚式は、当時のノートを読み返してみると、こんな感じだった。彼らの結婚式は、九月中旬に、二日間かけて行われることになった。正確には、一日目の夕方頃から始めて、移動と儀式を挟んで、二日目の明け方まで続けるという。短めだが、かなりのハードスケジュールだ。

初日の朝、宿には、デチェンとツェタン、主役の一人であるジミのほか、長男のアチュクと三男のツェリン、そして親戚の若い男の子たちが集まった。彼らは、ゲストハウスのすべての客室から木製ベッドを運び出し、掃き掃除をして、壁際に細長いマットレスと同じサイズの絨毯を敷きはじめた。ラダックの結婚式では、家の外の空き地などに天幕を張って宴会場にする場合が多いのだが、この家の近くには適当な場所がない。そこで、ゲストハウスの屋内をすべて応接間にすることにしたのだという。

「タカ！　荷物をまとめな！」布で口元を覆ってほうきを手にしたデチェンが言う。「あんたがいる部屋も、いったん空けとくれ。あそこにもお客さんを入れるからね！」

「僕の荷物は？　どこに置けばいい？」

「バッグにまとめて、あたしの部屋の寝台の下にでも置いとけばいいさ！」

かくして、泊まり客であるはずの僕は部屋を失い、親戚の子たちと一緒に、ベッドをえっちらおっちら運び出すはめになった。

「……ああ、そうだ。デチェン、お願いがあるんだけど」

「何だい？」

「あとで、お祝いのお金を入れる封筒を一枚くれない？　お祝いの文言の入ったのがあるよね？」

「何に使うのさ？」

「ジミへのご祝儀を入れるんだよ、もちろん」

「何言ってるんだい。出さなくていいよ！　あんたは、身内なんだから！」

「いや、そういうわけにはいかないでしょ……」

「身内だよ、タカは」アチュクが横でそう言って、ニヤッと笑う。「あと、タカは専属のフォトグラファーでもあるしな、俺らの。お前のカメラで、ジミたちの晴れ姿を、ばっちり撮ってやってくれよ」

その日、新郎の側の親族や招待客たちが集まってきたのは、夜の八時頃になってからだった。一階も二階も、家族部屋と物置と仏間以外の部屋という部屋が、人でぎっしり埋まった。招待客には、豆入りのトゥクパや、バター茶、チャイ、菓子などが、次々にふるまわれる。このもてなしは、まだまだ序の口なのだが。

二時間ほど経った頃、新婦を迎えに行く男たちの一団が、出立の儀式を始めた。

「シャー！　シャシャシャシャー！」

使者のような役回りらしい、烏帽子に似た黒い帽子をかぶった青年を中心に、居並ぶ男たちが威勢よく叫ぶ。その使者の青年を先頭に、ツェタン、アチュク、ツェリン、親族の男たち、そしてなぜか僕が、花やモールで飾られた数台の車に分乗し、新婦の実家へと向かう。

新婦の実家は、レーの街から南に七、八キロほど離れた、チョグラムサルの町にあった。新婦の親御さんはラダック西部の出身で、仕事の都合で、この町の新興住宅地に移り住んだのだという。住宅地の手前で車を止め、細い路地を辿っていくと、煌々《こうこう》と明かりの灯された、三階建ての新しめの家が見えてきた。

広い庭に天幕が張られ、ものすごい数の招待客が集まっている。家の中にも、ぎっしりだ。たぶん、二百人以上はいるだろう。天幕の外では、この日のために雇われた本職の料理人たちが、招待客にふるまうための料理を、いくつもの大鍋で作っている。

「すっごいなあ……」

僕がため息をつくと、アチュクは僕の耳元に口を寄せ、「ここの宴会の費用も、うちからかなり出してるんだぜ。大変だよ」とささやいた。

新郎の家から来た一団のここでの最初の役割は、新婦の家に集まった招待客一人ひとりに、カタという儀礼用の白い絹のスカーフを捧げ、祝い酒のチャンをふるまうことだった。アチュクを先頭に、男たちは招待客一人ひとりに声をかけ、カタを相手の首にかけ、盃のふちにバターを少しなすり、チャンを注ぐ。その温かいやりとりの一部始終を、僕はカメラで追い続けた。

家の中の一室では、新婦のパドマの婚礼衣装の身支度が、大勢の女性たちによって行われていた。礼装用のゴンチェに、ボクという刺繍入りの鮮やかなマントを羽織り、胸元には何重ものネックレス。そして頭上には、無数のトルコ石がちりばめられたヘッドギア、ペラクを戴く。ペラクはかなり重いので、周囲から紐を調整して慎重に固定する。

夜半を過ぎた頃、ようやく身支度を終えた新婦は、両親と姉妹、親族との儀式に臨んだ。いろいろな思いで感極まったのか、わんわんと泣きじゃくっている。烏帽子に似た帽子の青年が、彼女をしずしずと家の外へと連れ出し、僕たちはその後に続く。外で花道を作って待っていた招待客たちが、わあっと歓声を上げる。

「シャシャシャシャー ッ！　シャーッ！」

新婦ともども、再び車に乗り込んだ一団は、真っ暗な中を、ノルブリンカ・ゲストハウスへと引き返した。到着してみると、出てくる前よりもさらに多くの人々が、家の外に並んでいて、そわそわしながら、笑顔で新婦を待ち構えていた。

人々が取り囲む中、路上で焚かれた小さなかがり火の前でごく短い儀式が行われ、新婦は家に招き入れられる。中の一室では、シルクハットに似たティビという帽子をかぶり、カタを巻かれたジミが座っている。新婦のパドマは、その右隣に座った。二人の前に僧侶が腰を下ろし、厳かな口調で儀式を行う。新郎新婦は一言も発さず、肩を縮めるようにして、じっとうつむいている。

僧侶による儀式が終わると、二人の背後にぎっしり詰めかけていた人々から、ほっとしたような歓声が上がった。ここから先は、この家での宴会だ。時刻はもう午前三時近くになっているが、誰も彼もわいわいと浮かれ騒ぎながら、チャンやラム酒を酌み交わし、大声で笑い合っている。

「タカ、タカ！　ジミと俺の写真を撮ってくれよ！」

三男のツェリンはそう言いながら、ジミと肩を組んだ。ずっと緊張して表情の固かったジミも、ようやく満面の笑顔を見せる。いつもは変な冗談ばかり言ってる、ひょうきんな男なのに。

それからも僕は、あっちこっちから声をかけられてはカメラで記念写真を撮る、という任務を、ただひたすらにくりかえした。さすがに眠い。ようやく人の数が減りはじめた頃、窓の外は、すっかり白くなっていた。疲れで頭が朦朧とする。しかし、寝ようにも、自分の部屋がない。仕方なく、招待客が少なくなった部屋の隅の床の上で、毛布にくるまって寝ることにした。

三、四時間ほどうとうとして、目を覚ますと、宴会はすっかり終わり、家の中はがらんとした状態に戻っていた。一階の台所に行くと、デチェンとツェタン、アチュクがいた。

「タカ、ジャム（ツァンパという麦焦がしで作ったスープ）を飲むかい？」コンロの前に立つデチェンが言う。

「ありがとう。いやー、しかし……終わったね」

「終わった、終わった。まあ、これから、片づけがあるけどな」

「いいパストゥン（結婚式）だったねえ」

「よかった。本当によかった」

そう言って笑い合いながらすすするジャムは、じんわりと、胃袋に沁みた。

神妙な顔で婚姻の儀式に臨む新郎新婦

最後の儀式を終え、ほっとした表情のジミと、弟のツェリン

洪水と前世の記憶

Choglamsar

僕はその日、レー郊外のチョグラムサルの町にある、一軒のコンテナハウスにいた。

目の前には、この界隈に住んでいる、五人の女性たちがいた。ある人は生成りの毛糸で靴下を編み、別の人は羊毛の塊を針でチクチクとつついて、フェルト製の小さなヤク（雄の毛長牛、雌はディモ）をこしらえている。ここは、地元の女性たちが畑仕事や家事の合間に集まって、手編みのニット製品やフェルト製の動物など、観光客向けの手作り商品を作るための作業場だった。

「ねえ、この中で、お見合い結婚の人と、恋愛結婚の人、どっちが多い？　カミングアウトしようよ。はいっ、あたし、恋愛結婚！」

僕の横にいたツェリン・ドルマは、そう言っておどけながら、さっと手を挙げた。五人の女性たちはキャッキャと笑いながら、「あなたはどうなのよー？」と、お互いをつつき合っている。がんばってグッズを作らなきゃ、という雰囲気はまったくなく、のんびりしたものだ。

ツェリン・ドルマは、女性たちが手仕事をするためのこうした作業場を、ラダックの各地に作ってきた。彼女はそこで、いろいろな手作り商品の作り方を女性たちに教え、女性たちが作った商品を定期的に買い取って、レーのメイン・バザールにある彼女の店、ラダック・ネイチャー・プロダクツで販売している。彼女はもともと、レデッグというNPOに所属していて、当時からラダックの女性たちの社会的地位向上のために働いていた。独立して開業してからも、それまでに培ってきた各地の女性たちとのネットワークを生かして、活動を続けている。

開け放してあった戸口から、髪を後ろで束ねた八、九歳くらいの女の子と、五歳くらいの男の子が入ってきた。女の子は、中で作業をしている女性たちの一人の娘で、男の子は、僕をここまで乗せてきてくれたタクシーの運転手の息子だった。初対面なのに、女の子は男の子の面倒を見て、外で遊んでくれていたのだ。

僕のような外国人のよそ者がいても、女の子はまったく物怖じする様子がない。母親の膝元に駆け寄って、「何してるの?」と手元をのぞき込んでいる。

「あの子は、前の人生を憶えているの」

ツェリン・ドルマがそう口にした時、僕は自分の耳が信じられなかった。ラダック語を聞き間違えたのだろうか?

「どういうこと? 英語で言ってもらってもいい?」

「あの子はね、前に生きていた時のことを、憶えているの。洪水に巻き込まれて死んでしまった、女の人の人生を」

ラダックでは、ごくまれに、前世の記憶を持っている子供が現れる。なぜなのかは、わからない。輪廻転生《りんねてんせい》を信じる仏教が昔から浸透している土地柄だから、というわけでもないようだ。

女の子の名前を、ここでは仮に、ナムカと呼ぶことにする。ナムカが持っていた記憶は、同じチョグラムサルに住んでいた、ある若い女性の記憶だった。

二〇一〇年八月五日深夜、ラダックは突然、猛烈なクラウドバースト（集中豪雨）に見舞われた。普段はめったに雨が降らず、山に樹木がほとんど生えていないラダックで、短時間の豪雨は、恐ろしい災害を引き起こした。山間部に降った雨は何のブレーキもかけられないまま、大量の岩や土砂とともに斜面を流れ下り、土石流となって、街や村に押し寄せた。その時の洪水によるラダック全域での死者・行方不明者は、六百人以上に及んだ。大半は、チョグラムサルを直撃した最大規模の土石流の犠牲者たちだった。

その土石流で亡くなった、チョグラムサルのある若い女性しか知るはずのない記憶を、洪水の翌年に同じチョグラムサルで生まれたナムカが、なぜか憶えていたのだ。言葉を話せるようになってしばらくすると、ナムカは唐突に、前世のことを周囲の人々に話しはじめたのだという。

「そういう子供がたまにいるって、噂には聞いたことがあったけど……」

「大きくなるにつれ、だんだん忘れてきてるそうなんだけどね。前の人生のことは」

目の前で、母親や男の子と無邪気に笑い合うナムカを見て、僕は、何とも言いようのない気持になった。

あの洪水が起こった時、僕も、ラダックにいた。

その日の夜、僕はカルナクという地方を目指すトレッキングの途中で、標高六千二百メートルの高峰、カン・ヤツェのベースキャンプで幕営していた。ベースキャンプの標高は、五千メートル近くはあっただろうか。荷物の運搬を頼んでいた年輩のチベット人の馬番と僕のほかに、反対方向から来た別の小さなグループが、そこでテントを張っていた。

夕方頃までは時折小雨がぱらつく程度だった天気は、深夜になって急変した。今までに経験したことのない、雹《ひょう》混じりの猛烈な雨。唸りを上げて吹きすさぶ風。真昼のように眩しく閃く稲妻と、間髪入れず轟く雷鳴。逃げ込める場所は、どこにもない。テントの中で身体を固く縮こまらせながら、僕は、もうダメかもしれない、と本気で観念した。

あの高所にあるベースキャンプで、あれほどの嵐に見舞われて、全員無事だったのは、奇跡に近かった。実際にあの夜、ラダックの別の場所では、何人かの外国人トレッカーがキャンプ地で鉄砲水に巻き込まれて亡くなっている。

その翌日から、僕は増水した川の渡渉にさんざん悩まされながらも、どうにかトレッキングを続け、約一週間後、レーに戻った。もともと、トレッキングの終点に迎えに来てもらう車を手配しておいたのだが、洪水の影響でレー・マナリ・ハイウェイが寸断されてしまったため、何度かヒッチハイクをくりかえしながら、ツォ・カルという湖の方面から大回りする形で、レーに帰り着くことができたのだった。

レーの街では、至るところに掻き出された土砂の山が積み上げられ、湿っぽい泥の臭いが漂っていた。街のメイン・ゲートの南東の斜面で土砂崩れがあったらしく、その下の電話局やラジオ局、バススタンドの建物は、軒並みなぎ倒されていた。電柱の鉄骨は冗談のようにへし曲げられ、何台もの車がひっくり返って泥に埋まっていた。

壊滅的な被害を受けたチョグラムサルでは、洪水から一週間経ってからも、行方不明者の捜索がインド軍と地元の人々によって続けられていた。幹線道路から東側に広がっていた広大な住宅地は、土石流で破壊し尽くされ、今までなかったところに新しい川までできてしまっていた。人間の力では持ち上げられないほど巨大な岩が、そこら中にゴロゴロ転がっていた。屋根を吹き飛ばされ、窓の半ばまで泥に埋もれた家々。原形を留めないほどへしゃげた大型トラックの残骸。自分が今立っている地面の下にも、行方不明になった人が埋もれているかもしれない。途方に暮れるとか、絶望とか、そんな言葉ではとても言い表せないような、どうにもならない無力感を僕は感じていた。

洪水が起こった直後に被災地で捜索活動をしたラダック人の友人から、話を聞いた。ある場所では、固く抱き合ったままの老夫婦の遺体が、泥の中から発見された。別の場所では、一人の子供の遺体を土砂から引きずり出したら、その兄弟と思われる子供の遺体も、固く手を握り合ったままの状態で発見された。本当につらかった、ショックだった、と彼は言葉少なに話してくれた。

あの洪水の記憶は、大勢のラダック人の心に、今も癒えることのない傷となって残っている。僕自身にとっても、けっして忘れることのできない記憶だ。

その翌年に生まれたナムカが、洪水の夜のことをどのくらい憶えているのかは、わからない。でも、もし、前世の女性が最期に味わった恐怖まで、憶えているのだとしたら……。それはむしろ、忘れた方が、ナムカにとっては幸せなのかもしれない、と思う。

「……退屈しちゃった。ねえ、誰か、歌でも歌ってよ！」

ツェリン・ドルマが急にそう言い出したので、僕はバッグから自分のスマートフォンを取り出して、前にインストールしておいた曲をかけた。「アリヤトレ（我が友よ）」という、ザンスカールに伝わる古い民謡だ。

「まあ、アリヤトレじゃない！　そこのおばちゃん、ザンスカールの出身なのよ！」

ゴンチェ姿に赤いニット帽をかぶったそのおばさんは、よおし、と立ち上がると、歌に合わせてゆったりと身体を揺すり、ステップを踏んで踊りはじめた。ナムカもキャッキャとはしゃいで飛び上がり、おばさんの真似をしながら、一緒に踊り出す。みんなもケラケラ笑いながら、曲に合わせて口ずさみはじめた。

夏の高い峠に広がる、美しい草地
草と花のかぐわしい匂いが満ちている
ヤクやディモやヤギや羊、大きな群れ、小さな群れ
バター、乳、チーズ、日々の糧
おお、我が友よ、二十五頭の！
登れ登れ登れ、我が友よ

下れ下れ下れ、我が友よ
今ほど幸せな時はない、我が友よ
お前たちが幸せでなければ、人も悲しむだろう

前世の記憶を持って生まれた少女には、これから、彼女自身の人生が待っている。

祈りと輪廻

Sumda Chun, Choglamsar

未舗装の車道の終点から、沢の流れる谷に沿って、一本の細い道が続いている。途中、木陰で休憩しながら、二時間ほど遡っていくと、谷が開け、緑の麦畑が現れた。畑の向こうに、数軒の民家。背後にそびえる岩山の中腹に、僧院らしき白壁の建物が見える。

スムダ・チュンの村だ。

麓の家の村人に声をかけ、一緒に岩山を登って、僧院の鍵を開けてもらう。ラダックでも極めつけの山奥にあるからか、僧侶は常駐していないらしい。正面の小さな扉から、頭をぶつけないように気をつけつつ、本堂に入る。

「うっわ……！」

それは、宇宙の理《ことわり》が、そのまま立ち現れたかのような光景だった。

正面中央で穏やかな表情を浮かべる、金色のナンパ・ナンツァ（毘盧舎那如来《びるしゃなにょらい》）。その周囲に、四体の如来《にょらい》と三十二体の菩薩《ぼさつ》の像が、左右対称に調和の取れた形で配置されている。怪鳥ガルーダ、雪獅子、象……。金剛界立体曼荼羅《こんごうかいりったいまんだら》。素朴で、力強く、たおやかで、どこかなまめかしくすらある。堂内の左右の壁の壁画はかなり傷んでいるが、それでも左側の壁には精緻な絵柄がいくつも遺されていて、じっと見惚れてしまう。

スムダ・チュン・ゴンパは、ラダックでもっとも有名なアルチ・チョスコル・ゴンパや、それより少し西の山中にあるマンギュ・ゴンパと、ほぼ同じ年代に、同じ様式で作られたと考えられている。これら三つの僧院には、建物の構造など、似ている部分も多い。でも、本堂にある金剛界立体曼荼羅の完成度と美しさでは、このスムダ・チュン・ゴンパが頭一つ抜けていると僕は思う。

本堂を出て、僧院の裏側から、岩山を少し登ってみる。そこには、冷たい風にはためく褪色したタルチョと、いくつかの古い仏塔があった。一番大きな仏塔の基部は、内側に凹んでいて、身を屈めると中に入れるようになっている。そこを何気なくのぞき込んだ僕は、ぎょっとして、思わず後ずさってしまった。

その凹みの中には、ツァツァと呼ばれる、亡くなった人の遺灰を少量納めた小さな素焼きの壺が、驚くほどたくさん、ぎっしりと詰め込まれていたのだ。

数軒の家とわずかな畑しかないこの村に、何百年もの昔から幾世代にもわたって、小さな僧院で祈りを捧げ続けていた人々がいたことを、無数のツァツァは示していた。あの美しい金剛界立体曼荼羅を見て、かつての村人たちは、何を感じ、何を祈っていたのだろう。巡りめぐる輪廻の先にある、次の人生へと、思いを馳せていたのだろうか。

仏教には、「六道輪廻《りくどうりんね》」という考え方がある。

すべての生きとし生けるものは、天道、人道、修羅道、畜生道、餓鬼道、地獄道の「六道」で輪廻転生をくりかえす。現世で人間だったからといって、来世も人間として生まれ変われるとはかぎらない。動物かもしれないし、鳥かもしれないし、虫かもしれない。だから、人々は善行を重ねて功徳を積み、よりよい来世を迎えられるように努力する。仏教における究極の目標は、仏陀《ぶっだ》のように悟りの境地に達して、この輪廻の輪から解脱することとされている。

一部の高僧、特にリンポチェ（宝珠）という尊称で呼ばれる高僧は、代々高僧として生まれ変わるトゥルク（化身）と考えられている。先代の高僧が亡くなると、遺言や占いに基づいて、転生者の候補となる子供が探し出され、先代の遺品を選び取らせるなどの試験を経て、転生者として認定される。認定された子供には英才教育が施され、その高僧の称号が継承される。

ラダックでも最近、先代の高僧が亡くなった後に、転生者の子供が探し出されて認定されたという事例が、いくつかあった。スピトク・ゴンパの座主《ざす》クショ・バクラ・リンポチェと、スタクナ・ゴンパとバルダン・ゴンパの座主スタクナ・リンポチェ（バルダン・リンポチェ）だ。認定されたのはどちらもまだ幼い少年だが、ほかの子供とはどことなく違う気配を感じさせる、凛としたまなざしをしていて、周囲からの期待も高い。

そうした高僧の中でも、人々からもっとも篤《あつ》く敬われているのは、チベット仏教の最高指導者でもある、ダライ・ラマ法王（ギャワ・リンポチェ）だ。

ダライ・ラマ（大海）という称号は、十六世紀頃にモンゴルの王アルタイ・ハーンから贈られたと伝えられている。現在のダライ・ラマ法王十四世は、一九三五年、チベットのアムド地方の農村に生まれた。二歳の時にダライ・ラマの転生者として認定され、四歳でチベットの首都ラサへ。そして十五歳の時には、宗教的指導者としてだけでなく、チベットの政治上の全権限をも担う最高指導者となった。

当時のチベットはまだ独立国家だったが、中国人民解放軍による侵攻が始まると、ダライ・ラマ法王十四世にも身柄拘束の危機が迫る。一九五九年、法王はわずかな随伴者たちとともにラサを脱出し、インドに亡命。この時、法王を守ろうと一斉蜂起したチベット人の民衆は、人民解放軍によって徹底的に弾圧され、以来、チベットは完全に中国の支配下に置かれることになった。

亡命の翌年、ダライ・ラマ法王十四世は、インド北部のダラムサラという街で、チベット亡命政府を樹立。それから現在に至るまで、一貫して非暴力に徹した活動で、チベットの問題を国際社会に提起し続けている。一九八九年には、その活動に対してノーベル平和賞を授与されている。

しかし、中国が支配を続けるチベット本土の状況は、悪化の一途を辿っている。広大な平原で自由に生きていた遊牧民たちは、大切な家畜を奪われ、政府の用意した質素な小屋での定住を強要されている。チベット人としての思想や信仰は厳しく統制され、子供たちはチベット語や歴史の教育も満足に受けられない。チベット人がダライ・ラマ法王十四世の写真を隠し持っているのが見つかると、それだけで逮捕されてしまう。チベット人のアイデンティティを根絶やしにしようとする民族浄化が、刻々と進められているのだ。それに抗って焼身自殺を遂げたチベット人の数は、過去十年間で百五十人を超えている。チベットの独立をもくろむ危険人物、と中国が非難し続けているダライ・ラマ法王十四世は、亡命して以来、ただの一度も、故郷のチベットに戻ることができないでいる。

ほぼ毎年、夏になると、ダライ・ラマ法王十四世はラダックを訪れる。だいたい数週間ほどの日程で、ほかの国や地域への訪問に比べると、期間はかなり長めだ。故国のチベットに似たラダックの地理や気候が、お気に召しているのかもしれない。滞在の目的はご静養ということになってはいるのだが、ラダックの人々が何もしないでいるはずはなく、法王の滞在中は、ラダック各地での法要や法話の予定が、びっしり組まれることになる。レーの郊外、チョグラムサルの町の東外れに、法王がラダックに滞在する時の邸宅、ジウェツァルがある。ジウェツァルのそばには広大な芝生の敷地があって、法王が法話を行う際には、その敷地に、ラダック人、亡命チベット人、国内外から来た仏教徒など、数万人もの聴衆が集まる。レーの街で働く仏教徒のラダック人は、期間中は全員仕事を休んで、ジウェツァルに駆けつける。ラダック各地の村々からも、チャーターされたバスに乗った人々が続々とやってくる。ダライ・ラマ法王十四世による法話は、ラダックの仏教徒たちにとって、一年でもっとも大切な行事と言ってもいい。

僕も今までに何度か、ジウェツァルで行われたダライ・ラマ法王十四世の法話に参加したことがある。広い芝生の敷地いっぱいに並ぶ色とりどりのパラソルの下で、人々は一心に法王を見つめ、マイクとスピーカーを通じて発せられるその一言ひとことに耳を傾け、数珠を持つ手を合わせて、静かに祈りを捧げていた。彼らの様子を見ていると、チベット仏教を信仰する人々にとって、法王は本当に大きな、ともすると大きすぎる存在なのかもしれない、と思えてくる。

八十代の半ばを過ぎたダライ・ラマ法王十四世が、もし、いつか、亡くなってしまったら、その後はいったいどうなるのか。次の転生者は、中国が支配を続けるチベットに現れるのか。あるいは、インドなど別の国に現れるのか……。

中国はおそらく、独自にダライ・ラマの転生者を発表して、チベット人を懐柔するための傀儡《かいらい》としてその子供を利用する道を選ぶだろう。かつて、ダライ・ラマと対を成す立場の高僧、パンチェン・ラマの転生者として法王から認定された少年が、中国当局に連行されて行方不明となり、代わりに中国側の選んだ別の少年がパンチェン・ラマと発表された時のように。

法王自身は、存命中に宗教的指導者の後継を指名する可能性や、ダライ・ラマ制度そのものを見直すことも示唆している。しかし、多くのチベット人は、現在のダライ・ラマ制度が存続することを願っている。いずれにせよ、いつか、その時が来てしまったら、途方もなく大きな混乱が起こるのは、避けられそうにない。

歴代のダライ・ラマは、観音菩薩の化身と考えられている。観音菩薩は、悟りの境地に達しながらも、輪廻の輪の中にあえて踏みとどまり、慈悲の心で、生きとし生けるものたちの苦しみを救おうとする。ダライ・ラマ法王十四世が、その生涯を通じて、人々から託され続けてきたものは、あまりにも重い。

ダライ・ラマ法王十四世

神からの言伝

Thikse, Shey

真冬のように冷えびえとした風の吹く、十月下旬のある日の午後。チベット暦では九月十九日にあたるこの日、ティクセ・ゴンパの最上部にある広場は、周囲を囲む大勢の観衆の熱気に包まれていた。

地鳴りのように低く轟くトゥン（全長約二メートルの金属製のホルン）と、妙鉢《みょうはち》と太鼓の打ち鳴らされる音に合わせて、異形の仮面をかぶった僧侶たちが、舞を踊っている。極彩色の衣装の袖や裾が、ゆったりとしたリズムとともに、ひらりひらりと揺れ広がる。僧侶たちは入れ替わり立ち替わり、本堂に戻って仮面を付け替えながら、祈祷旗が巻き付けられたタルボチェという柱の周囲を、時計回りに巡って踊り続ける。

昨日と今日、この僧院では、年に一度の祭礼、ティクセ・グストルが催されている。ラダックの多くの僧院では、チベット暦に準じたそれぞれ異なる日程で、チャムと呼ばれる仮面舞踊の祭礼が行われる。チャムの細かい内容は、宗派や僧院によって少しずつ異なるのだが、シャナクと呼ばれる黒帽の僧侶をはじめ、守護尊、護法神、祖師、道化など、さまざまな種類の仮面と扮装の僧侶たちが舞を披露する点は、ほぼ共通している。僧侶たちにとっては、日頃の修行と練習の成果を披露する、年に一度の舞台だ。

外部からの観光客が少ない今の時期、祭礼の行われている広場を取り囲んでいるのは、ほとんどが地元のラダック人たちだった。その観衆が、ふいに大きなどよめきを上げ、いっせいに上を見上げた。何だろう？

はるか上方の屋根の縁に、一人の男が立っていた。

白、赤、金の衣装に身を包み、頭には冠、胸には鈍い光を放つ丸鏡。左右の手には、鮮やかな布のついた槍状の法具を握っている。

男は、近くにいた観衆が手渡した瓶から、酒らしきものをぐびっと飲み、危なっかしいバランスでふらふら身体を揺らしながら、法具を持つ両手を振り上げ、何事かを立て続けに叫んだ。それを聞いて、どよめき、手を振り、歓声を上げる人々。

「……キキソソ・ラーギャロー（神に勝利を）！」

男は、ラダックでラバと呼ばれる、神降ろしによって神託を告げることのできるシャーマンだった。ティクセ・グストルでは、ラバによる託宣の儀式が、祭礼の終盤に組み込まれているのだ。これからの一年は、どんな年になるのか。豊作なのか、凶作なのか、疫病や災害は起こらないか、何に気をつけ、何を心がければいいのか……。

屋上からラバが声高に告げる神からの言伝に、人々は畏《おそ》れの表情を浮かべながら、耳を傾ける。その光景は、何百年もの昔から、この仮面舞踊の祭礼が行われるたびに、くりかえされてきたものだった。

ラダックでは、男性のシャーマンはラバ、女性のシャーマンはラモと呼ばれている。彼らがどういう経緯でラバあるいはラモになるのか、一概には説明できない。聞いた話だと、子供の頃から癇《かん》の強かった人が、その種の素養があると見なされて、ラバやラモにされたという例もあるという。

ティクセ・グストルに登場したラバのように、僧院で催される仮面舞踊の祭礼で神託を告げる役割を担っているのは、僕の知るかぎり、ラバ、すなわち男性である場合がほとんどだ。ラダックでは、ティクセ・グストルでラバが一人登場するほか、ストク・グルプク・ゴンパで行われるストク・グル・ツェチュに二人、マト・ゴンパで行われるマト・ナグランに二人、それぞれラバが登場する。

ストク・グル・ツェチュに登場するのは地元の村出身の二人のラバで、ティクセ・グストルに現れるラバとよく似た、白を基調に赤や金をあしらった装束をまとっている。比較的おっとりとふるまうティクセのラバと違って、ストクのラバたちは、猛々しい叫びを上げながら抜身の剣を振り回し、観衆の中に気に入らない者がいたら、容赦なくその剣を投げつけるなど、ふるまいがかなり荒っぽい。

マト・ナグランに登場するラバは、かなり変わっている。マト・ゴンパに所属する中から選ばれた二人の僧侶が、僧院の西にある山中に籠もって、三カ月にわたって祈祷と瞑想を続ける。そうして最終的にトランス状態となってから、マトの護法神ロンツェン・マルポとロンツェン・カルポの兄弟神を、それぞれ降臨させるのだ。

マト・ナグランの二人のラバは、祭礼の初日はティクセやストクのラバと似た白と赤と金の装束をまとっているが、二日目は、まったく違う扮装になる。裸の上半身を黒く塗り、腹と背中に護法神の顔を描き、自身の顔は目隠しして、ぼさぼさの髪を振り乱しながら登場する。

ストク・グル・ツェチュもマト・ナグランも、太陽暦では二月から三月頃にかけてのどこかで行われる。祭礼の日は、地元のラダック人が大勢集まってきて、熱気の漂う中、ラバたちからのお告げに耳を傾ける。春の到来を目前にしての、ラダックの風物詩とも言える行事だ。

一方、女性のシャーマンであるラモは、ラダックでは主に一般の人々を日常的に相手にしている。たとえば、日本のイタコが口寄せをするように、亡くなった人の魂を呼び寄せて、その言葉を代弁することができるのだという。失くしてしまった大切なもののありかを、神からのお告げによって教えることもできるそうだ。また、腹痛や関節痛などの病気に苦しんでいる人に対しては、その人の患部とおぼしき箇所に口で吸い付き、黒くてどろっとした謎の液体を吸い取り吐き出すという、治療のような行為をするラモもいる。

こうしたラバとラモの能力の信憑性については、以前から諸説が入り乱れていて、特に黒い液体を吸い出す治療法については、効果が眉唾だという意見も少なくない。その一方で、いわゆる神託や降霊については、古くから伝わる伝統の一つとして、ラダックという土地に深く根付いていることも確かだ。神からのお告げの信憑性を問うこと自体、野暮なことなのかなとも思う。

今まで実際に目にしたラバやラモの中で、僕が個人的に一番好きなのは、シェイの村にいるラバだ。

シェイでは毎年、夏の終わり頃に、シェイ・シュウブラという収穫祭が催される。麦などの収穫が本格的に始まる前に、地元出身の一人のラバが、白と赤と金の装束に身を包み、胸に丸鏡を抱いて、白い馬にまたがって村の中を練り歩きながら、村人たちに神託を告げて回るのだ。

シェイ・シュウブラの当日は、村人総出の大にぎわいで、よそからも大勢の見物人がやってくる。誰も彼もが、自家製のどぶろくのチャンを詰めた瓶や、もっと強い蒸留酒のアラク、あるいは市販品の強烈なラム酒などを持っていて、ラバを取り囲んでは酒瓶を手渡し、神託が告げられるのをそわそわと待つ。

ラバは、ぐびりぐびりと酒を飲み、残りの中身をバーッと周囲にふりまいては、もにゃもにゃと何事かを口走る。村をぐるりと練り歩いた後、村外れの小さなお堂の前で、ラバはやんちゃな子供のように両手を広げて、ぐるぐるぐるぐる、走り回る。

「すごいなあ、あのラバの人。あれだけ酒を飲みまくってるのに、まだ、あんなに走り回れるなんて」

僕が感心しながらその様子を見物していると、横にいた知り合いが、ぼそっと言った。

「まったくねえ。あの人、普段は、一滴も酒が飲めないのに」

ティクセ・ゴンパの屋根の上に現れたラバ

ストク・グル・ツェチュに登場した二人のラバ

セルガルの槌音

Chilling

朝の澄んだ大気に、キン、キン、キンキンキンキン、と、甲高い音がかすかに響いている。麦畑を囲む石垣と石垣の間の細い道を辿って、音のする方へと歩いていく。頭上の梢には、重みで枝がしなるほど、杏がたわわに実っていて、甘酸っぱい匂いを放っている。甲高い音は、村で一番大きな屋敷の中庭から聞こえていた。木戸をくぐり、中庭の奥にある、あずまやに行く。紺と赤のセーターを着た坊主頭の壮年の男性が一人、あぐらをかいて、金床に向かって小ぶりな金槌を振るっている。手元の床に置かれた、大小の鏨《たがね》と火箸。白い壁には、小さな天秤が飾られている。

「ジュレー、アジャンレ・ツェリン（ツェリンおじさん）」

「おう、お前か。まあ、そこに座れ」

「お邪魔します」そう言いながら僕は、彼と向き合う形で、少し離れた場所に腰を下ろした。「今日は、何を作ってるんですか？　バングル？　スプーン？」

「今日は、これの続きをやる」彼はそう言って、脇に置いてあった作りかけの水差しを指さした。「せっかくだから、お前にいろいろ見せてやろうと思ってな」

レーから南西に約六十五キロ、ザンスカール川のほとりにある村、チリン。人口わずか七十人ほどのこの小さな村には、かつてネパールから移り住んだ仏師を祖先に持つ、セルガルと呼ばれる鍛冶職人たちが暮らしている。僕は、この村で数日間ホームステイをさせてもらいながら、数少ない現役のセルガルの一人、ツェリン・ジグメットの工房に通って、その仕事ぶりを取材させてもらっていた。

彼が今日取り組んでいるのは、水差しのふたのすぐ下、首のように細くなっている部分の細工だ。彼はまず、羊の毛皮で作られたふいごで、僕との間にある小さな炉に炭火を熾《おこ》し、炉に載せた空き缶で、融点の低い錫《すず》を溶かしはじめた。溶かした錫を、平たい石の作業台に載せた、水差しの首となる輪っか状の部品の内側に流し込む。錫が冷えて固まったら、輪っかの外側に、鏨と金槌を使って紋様を刻んでいく。内側に錫を充塡してあるので、鏨を打ちつけても輪っかがへしゃげることはない。

彼は、あぐらをかいた膝にかけた毛布越しに足で輪っかを押さえ、花と唐草のように見える複雑な紋様を、ほぼ一発勝負で刻んでいく。どれだけの修練を積めば、こんな風に軽やかに金槌と鏨を操れるのだろう。ほれぼれするほどの手際のよさだ。

「マー・デモ、マー・タクポ（すごくきれい、すごく上手）」

カメラを構えながら僕がそう呟くと、彼は少し照れながら、輪っかにぐるりと刻み終えた紋様の出来を確かめ、それを火箸で挟んで、炉にかざした。内側に充填した錫を再び溶かし、輪っかの状態に戻すのだ。

「……もうすぐ完成？」

「いや、まだまだ。注ぎ口と、把手《とって》と、あと、ふたも作らないと。家の部屋に、前に作ったのがいくつかあるから、あとで見せてやろう」

炉で溶かした錫を空き缶に戻し終えた彼は、ふうっ、と息をついて、作業場でごろんと横になった。

「くたびれたよ。休憩、休憩」

「アジャンレ、おなかとおへそ、出てますよ」

「おっと。いかんいかん」


「……あんた、メメレ（おじいさん）には会ったのかい？」

昼飯を食べにホームステイ先の家に戻った時、家のおかみさんは、ターメリックライスをよそった皿を僕に差し出しながら言った。

「メメレ？」

「白くて、長ーいひげの」

「いや、まだ会ったことないです。どこの家の人？」

「ごはんの後に、連れて行ってあげるよ。セルガルの写真を撮りに来たんだったら、メメレには会っとかなきゃ」

おかみさんが案内してくれたのは、村の中心から少し北東に離れた場所にある、こぢんまりとした平屋建ての家だった。

「メメレー！　いるかーい？」おかみさんが呼ぶ。

「……ああ、ああ。おるよ」

そのしわがれた声は、家から突き出すような形でしつらえられた小部屋から聞こえてきた。村人たちからメメレと呼ばれている老人は、午睡《ごすい》から目を覚ましたばかりのところだった。臙脂色のゴンチェをまとった身体は小柄でやせていて、あごには白くて長いひげを蓄えている。

「この人がね、メメレに会いたい、写真を撮らせてほしいって」

「そうかい。まあ、構わんよ。ここでいいのかい？」

そう言ってメメレは、小部屋の中で座り直し、背筋を伸ばした。ここは、彼の寝室であると同時に、セルガルとしての作業場でもあった。ほんの二メートル四方ほどの室内には、金床、大小の金槌や鏨などのこまごました道具が、手の届く範囲に整然と並べられている。棚には、作りかけの銅製の水差しや笛。ここにも、小さな天秤が飾られている。

リンチェン・ソナム、八十五歳。チリンで最年長のセルガルだという。彼はこれまでに、ラダック各地の僧院で使われる祭具や楽器、飾り物など、数えきれないほどの美しい作品を手がけてきたそうだ。年老いて目も弱くなった今は、長時間の作業はほとんどしなくなり、気が向いた時に、休み休み手を動かしている程度だという。それでも、作業場の定位置に座ってカメラを見つめ返す彼のまなざしには、気の遠くなるほど長い歳月、この小部屋でひたすら金槌を振るい続けてきた、セルガルとしての矜持《きょうじ》がにじみ出ているように思えた。

この村で、セルガルの技を使える者は、メメレを含めても八人しかいない。最近では、ツェリン・ジグメットの息子が父親の跡を継ぐために修業に取り組んでいるが、彼ら以外のセルガルの家に跡継ぎが現れるかどうかは、わからない。セルガルの槌音は、これからもこの村で鳴り響き続けるのか。それとも、途絶えてしまうのか。

セルガルのツェリン・ジグメットの家で、二人の小さな女の子と出会った。

広々とした居間兼台所で、僕がバター茶をいただいていた時、女の子二人は居間の隅でノートと教科書を広げ、学校の宿題をやっていた。でも、勉強にはまったく集中できていないようで、ずっと、ちらちらと、僕と、窓辺に置いた僕のカメラばかり見ていた。

「……カネ・イン（どこから来たの）？」

切れ長の目をした、鼻に引っかき傷のある、おてんばそうな女の子が訊く。

「日本だよ。君らは？」

「この村。あたしは、チョグラムサルの学校に行ってるんだけど」

「そっか、今は夏休みだね」

「何しに来たの、この村に？」

「アジャンレ・ツェリンの写真を撮らせてもらってるんだよ」

「へー。あたし、アジャンレの親戚なの」

「そうなんだ。君ら、名前は？」

「ツェワン。ツェワン・チョスドン」

「そっちの君は？」

「……スタンジン・スキッドム！」

もう一人の、小柄でくりっとした目の女の子が、照れながら答える。

「ねえねえ」ツェワンが身を乗り出す。「そのカメラ、触らせてもらっていい？」

「いいよ。このストラップを首にかけて、ここところのボタンだけ使って。レンズは指で触らないようにね」

「わあー、重い！　すごーい！」

ツェワンとスタンジンは、小さな手でカメラを抱え、代わる代わるファインダーをのぞき込みながら、相手や僕や部屋の中を撮って、遊びはじめた。二人からカメラを取り戻すまで、二十分以上もかかった。

それからというもの、僕が村の中を出歩くたび、二人はどこからともなく現れて、一緒について歩くようになった。

たとえば、ある日の午後。収穫を終えた麦畑で、一匹の子羊がぶらぶらしているのを見つけると、

「あの子を捕まえるわよっ！」急に駆け出すツェワン。

「えー！　あたしはどうすればいいの？」その場で飛び跳ねるスタンジン。

「あたしと一緒に来て！　タカ！　あんたはあっち側で待ち伏せてて！」

僕たち三人は、ぜいぜい息を切らしながら、猛烈なスピードで垣根をくぐって逃げ回る子羊を、必死に追いかけ回した。二人がそうまでして子羊を捕まえたかったのは、何のこ

とはない、「あのきれいに咲いてる菜の花畑の前で、あたしたちがこの子を抱っこしてるところを写真に撮って！」というだけだったのだが。

たっぷり一時間近くも費やして、気の毒な子羊をどうにか捕まえ、菜の花畑の前で写真を撮ってあげていると、ホームステイ先のおかみさんが家の中から出てきて、あきれたように「あんたたち、ヒマそうだねえ」と声をかけてきた。

「そんなに時間あるなら、そこのたらいに入れてある杏の種取りをして、干してきてよ」

見ると、軒先に置かれた直径六十センチはある金だらいに、橙色の杏の実が山盛りになっている。

「この量を、三人で、全部？」

「やれるだけでいいよ。ヒマなんでしょ？　あんたたちも」

僕は杏の入った金だらいを両手で抱え、ツェワンとスタンジンに案内されて、村の水路の近くにある、杏を干す場所に行った。ここで、杏を指で割り、中から種を取り出し、木枠に張った網の上に果肉を並べて、天日干しにするのだ。干した杏は、長く厳しい冬を乗り切るのに欠かせない栄養源になる。種は種で、搾ってオイルを取ったり、殻を割って杏《あん》仁《にん》を取り出したりして利用する。

木陰の下、三人で金だらいを囲んで座り、一日では絶対に終わらなさそうな量の種取りを始める。すぐに指先が果汁でベトベトしてくるので、時々、水路で手をすすぐ。ツェワンとスタンジンは案の定、ほんの十分ほどで、この作業に飽きてしまった。種を取った果肉を額やほっぺたにくっつけたり、互いに投げ合ったり、ふざけてばかり。

「思うんだけどさあ」果肉でべたべたになった顔のまま、ツェワンが言う。「タカと、あたしたちって、もう、おともだちよねー？」

「もっちろんよ！」スタンジンが笑う。「おともだちよ、ねーっ？」

この、どうということのない午後のことを、僕は、ずっと忘れないと思う。

Redbird

チリンの村の老セルガル、リンチェン・ソナム

ランチョーの学校

Shey, Phey

「……お待たせしました。ようこそ、私たちのホワイト・ロータス・スクールへ」

パンジャービー・ドレス姿に眼鏡をかけたラダック人の若い女性が、流暢な英語で、ビジター・センターの中で待っていた見学者たちに挨拶をした。

「これから私が、みなさんを、この学校でみなさんがご覧になりたいと思っている、あの場所にご案内します。その場所まで行って、十五分ほど、記念撮影などをしていただいたら、また私がこのビジター・センターまで、みなさんをお連れします。校内には生徒たちがいますので、敷地内のほかの場所には行かないでください。写真撮影も、これから私がご案内する場所のみでお願いします。では、参りましょう」

彼女の後について、五、六人のインド人の旅行者たちと一緒に、学校の敷地内を歩いていく。ごくゆるい斜面に広がる敷地内には、背の低いグレーの石造りの校舎が等間隔に建てられている。水色のシャツと紺色のスラックスを着た子供たちの姿が、校舎の間にちらほらと見え隠れする。

このホワイト・ロータス・スクールは、チベット仏教のドゥクパ・カギュ派の高僧ドゥクチェン・リンポチェが発案し、ダライ・ラマ法王十四世や俳優のリチャード・ギア、その他数多くの国内外のスポンサーの支援で設立された、ラダックの子供たちのための学校だ。四、五歳から十八歳くらいまで、七百人以上の子供たちがここで学んでいるという。

各校舎には、花崗岩、木材、日干し煉瓦など、地元で手に入る建材が用いられ、ラダックの伝統的な工法を取り入れつつ、太陽光による発電や蓄熱など、環境に優しい設備も導入されている。ラダックでも、もっとも先進的な取り組みをしている学校の一つと言われている。

シェイの村外れにあるこのホワイト・ロータス・スクールを、インド人の旅行者が大勢訪れるようになったのには、理由がある。二〇〇九年に公開され、当時のインド映画の歴代興行収入の記録を塗り替えた映画「スリー・イディオッツ」（邦題「きっと、うまくいく」）のロケ地の一つが、この学校だったのだ。工科大学を首席で卒業した後に行方知れずになっていた主人公ランチョーが、辺境の地ラダックで自ら設立した理想の学校、という設定で、ホワイト・ロータス・スクールの敷地内で撮影が行われたのだという。

見学者たちと僕が連れて行かれたのは、一棟の石造りの校舎の前だった。木枠の嵌まった二階の窓から、コードで垂れ下がった裸電球の絵が、石壁に描かれている。その右脇には、緑、青、赤のお尻の形をした椅子に座る、三人の男の絵。ここは、映画の中でも印象的な迷シーンが撮影された場所だ。この映画を観たことのある人なら、思わずフフッと笑ってしまうだろう。

「はーい、ここです！　いいですか、十五分ですよ！」

映画が大ヒットした後、このロケ地を訪れようとするインド人旅行者があまりにも多くなってしまったので、学校側はビジター・センターを設置して、見学希望者がある程度集まった段階で、撮影が行われた場所にだけ案内するようになった。ビジター・センターの外壁には、この学校にいつのまにか付けられたもう一つの通り名、「ランチョー・スクール」のパネルが掲げられている。

映画「スリー・イディオッツ」の中でアーミル・カーンが演じた主人公ランチョーは、架空の人物なのだが、そのモデルとなった実在の人物がラダックにいることは、あまり知られていない。

彼の名は、ソナム・ワンチュク。エンジニアであり、ラダックにめざましい教育改革をもたらしたSECMOL（The Students' Educational and Cultural Movement of Ladakh）という活動の創始者でもある。

インドでは、日本の高校の時期にあたる十年生から十一年生になる時に、進学テストが行われ、二科目以上落第すると進学できないという厳しいルールがある。かつてのラダックでは、その進学テストの合格率は、わずか五パーセントだった。当時の学校の教育方針や教科書などが、明らかにラダック人向けではなかったことが、主な原因だった。

「私は当時、エンジニアになるために大学で学ぼうと考えていた。父の意向もあって、大学で必要な学費は自分で稼がなければならなかった。それで私は、進学テストに合格できないでいる同年代のラダック人の若者たちに、グループワークで勉強を教えて、それで学費を稼ぐことにしたんだ」ソナムはそう言って当時をふりかえる。

「彼らに勉強を教えていてすぐにわかったのは、どの若者も、基本的にはとても頭がいいということ。ラダック人の進学テストの合格率が低かったのは、ラダックの教育環境に問題があったからだと気づいたんだ。何とかしなければ、と思った」

大学卒業後にラダックに戻ったソナムは、兄や友人たちとともに、ＳＥＣＭＯＬの活動に取り組むようになった。ラダック語で書かれた教科書を新たに作り、ラダック人に適した授業のできる教員の育成システムを考案した。ラダック各地の村々に学校を作り、村人たちに教育に対する理解と協力を求めるキャンペーンも実施した。

ソナムたちによるＳＥＣＭＯＬの教育改革運動は、驚くほどの成果を上げるようになった。五パーセント程度だったラダック人の進学テストの合格率は、五十五パーセントにまで向上した。ＳＥＣＭＯＬの活動は国内外に広く知られるようになり、一部の政治家からやっかまれるようにさえなったという。

その後、ソナムたちは、レーから少し西にあるフェイという場所に、ＳＥＣＭＯＬ独自の学校を建設した。その学校では、進学テストに合格できなかったラダックの若者たちに、試験に再挑戦するための独自のカリキュラムで学び直す機会が与えられるようになった。ソナムたちが作ったこの学校が、「スリー・イディオッツ」のランチョーの学校のモデルになったのだ。

日本の雑誌の企画でソナム・ワンチュクへのインタビュー取材を行った時、僕も、このSECMOLフェイ・キャンパスを訪れた。インダス川のほとりに地元の建材を使って建てられた校舎には、太陽光発電設備、太陽熱温水器、太陽熱調理器具、ゴミの分別処理集積所、コンポスト式トイレなどがあって、環境にできるだけ負荷をかけないように配慮されていたのが印象的だった。

フェイ・キャンパスでは、六十人ほどの生徒たちが、共同生活を送りながら日々学んでいる。授業の内容は、ラダックで穫れる杏を使ったジャムの作り方など、教科書やノルマに囚われない、この土地ならではのユニークなテーマを盛り込んでいる。国内外からこのキャンパスを訪れた人々が、ボランティアで教壇に立ち、それぞれの得意な分野の知識を教えることも多いのだという。

若者たちは、それぞれの勉強のほかに、食事の調理補助、牛の乳搾り、畑への水やり、校内の掃除などの役割を、二カ月ごとの持ち回りで担当していて、交替する時にはその役割を通じて学んだ成果を発表する。校内での役割を持ち回りで担当すること自体も、レスポンシビリティ（責任）というカリキュラムに設定されている。

杏ジャムの作り方についての授業の様子を見学させてもらったり、昼休みに若者たちと一緒にチョウメンを食べながら話をしていて感じたのは、彼らがみな、きらきらと目を輝かせながら、授業やそれぞれの役割分担に、愉しそうに取り組んでいたことだった。自分らしく学び、自分らしく生きることのできる環境に身を置けば、人は変われるし、確実に成長できる。ソナムたちが作ったこの学校は、ラダック人として生きていくために必要な、学ぶことの大切さと喜びそのものを教えている。若者たちの朗らかな表情から、それがひしひしと伝わってきた。

発明家のランチョーと同じく、エンジニアでもあるソナム・ワンチュクもまた、彼ならではのプロジェクトで才能を発揮している。

その一つが、アイス・ストゥーパ・プロジェクト。冬には気温がマイナス二十度まで下がるラダックで、山中から引いてきた水を高低差を生かして噴出させ、高さ十数メートルもある巨大な氷の仏塔（ストゥーパ）のような形に氷結させる。その氷の仏塔を夏の間の水源として、土地の緑化に活用するというアイデアだ。この人工氷河プロジェクトは、チベット仏教のディクン・カギュ派の協力の下、レーの西にあるピャンという村で実験が始められていて、植林された約五千本の若木に、夏になっても水を供給し続けることに成功している。

ソナムはまた、ピャンの郊外に、学園都市を建設するという壮大な計画も準備している。SECMOLのフェイ・キャンパスの建設で培ったノウハウを使って、環境に極力負荷をかけない設計のキャンパスを建設し、ヒマラヤの山間部ならではの研究ができる学園都市、HIAL（Himalayan Institute of Alternatives, Ladakh）を設立しようと考えているのだ。

「私は、ラダックがとても好きだ。君も知っているように、ここで生活するのはちょっと大変だけどね。ヒマラヤの山奥の僻地だし、冬はとても寒いし。でも私は、ラダックで暮らしながら研究や活動を続けていることを、とても誇りに思っているんだ。子供の頃から、この厳しい環境の中でいろいろな経験をしてきたおかげで、今の私は、たくさんのアイデアを生み出すことができる。だから私は、ラダックで生まれ育った自分の人生に対して、本当に感謝しているんだよ」

「スリー・イディオッツ」の迷シーンの撮影現場

SECMOLの創始者、ソナム・ワンチュク

花と鬼灯《ほおずき》の人々

Dah

初めてダーを訪れた時、村は、エメラルドのように眩《まばゆ》く輝く、杏の木々の新緑に包まれていた。

レーから北西に向かうローカルバスで、約八時間。インダス川が削り出した峡谷沿いに三十軒ほどの民家が集まるこの村は、インドとパキスタンの暫定国境線からわずか数十キロの位置にある。村の目の前を流れるインダス川にゴムボートを浮かべて、そのまま川を下っていけば、パキスタンまで行けるはずだ。……間違いなく、どちらかの軍に捕まってしまうだろうが。外国人がこの村に来るには、あらかじめ入域許可証を取っておかなければならない。

あの時、村にいた旅行者は僕一人だけで、看板がある以外は普通の民家と見分けのつかない、平屋建ての小さなゲストハウスに泊まっていた。レーの役所に勤めているオーナーの代わりに、隣の村に住むルンドゥプという名の背の高い青年が、その宿を切り盛りしていた。村に食堂などはいっさいないので、僕は、朝昼晩とルンドゥプが作ってくれる、チャパティ、オムレツ、青菜の炒め煮といった食事を、毎日食べさせてもらっていた。食事以外の時間は、村の中をぶらぶら散歩したり、気に入った風景があったら写真を撮ったり、木陰で文庫本を読み耽ったりしていた。

「ツイてるな、君は」ある日の夕方、圧力鍋で炊いた米飯を皿によそいながら、ルンドゥプが言った。「明日は、村でお祭りがあるよ」

「祭り？　全然知らなかった。どんな？」

「この間、子供が生まれた家があって、そのお祝いだよ。明日の昼、村の広場に集まって、踊ったり歌ったりするんだ」

「……みんな、盛装するの？　頭に花やショクロ（鬼灯）を飾って？」

「もちろん」

この村のあるドクユルと呼ばれる地域には、総数三千人ほどの少数民族、ドクパ（ブロクパ）が暮らしている。ラダック人とは明らかに異なる、彫りの深いアーリア系の顔立ち。彼らは男性も女性も、頭の上に花や鬼灯を華やかに飾る風習を持っていることから、「花の民」として知られている。

ダーを訪れる旅行者のほとんどは、ドクパの村人たちが頭上に花を飾っている姿を期待してやってくる。が、村人たちは、普段はほんの少ししか花を身につけていない。男性はニットキャップなどに鬼灯を少しちりばめる程度。女性も、畦道《あぜみち》に咲いている小さな花を一、二輪、髪や帽子に挿すくらいだ。彼らが花の民として盛装するのは、冬のロサル（正月）や三年に一度の大収穫祭ボノナー（チュポ・シュウブラ）など、村でお祭りのある時だけ。そんなめったにない機会が、いきなり僕の目の前に転がり込んできたのだった。

翌日の昼、日除けの天幕が張られた村の広場に行ってみると、艶やかな姿の花の民たちが、続々と集まってきていた。太鼓や笛を奏でる楽師たちを含む男性が十人、女性が二十人くらい。ラダック人が着るのと同じ臙脂色のゴンチェをまとった男たちは、筒型のフェルト製の土台に、ビーズ、コイン、縫い針、そして色とりどりの花と鬼灯を山盛りに飾った帽子をかぶり、右耳の上にも花を挿している。女性たちは、白い毛皮を裏使いにしたマントを羽織り、胸元には何重もの銀やビーズのネックレス。ビーズ、コイン、縫い針などを縫いつけたフェルトの筒をぺしゃんこにしたような冠を頭に載せ、銀のかんざし、橙色の鬼灯、そして男性よりもさらに山盛りの花々を、頭上と右耳の上に。

花の咲く季節にはまだ早いからか、頭上には造花を飾り、生花は右耳の上にだけ飾っている人が多いようだ。しかし、世界には、こんなにも美しい伝統を、守り続けている民族がいるのか……。僕は完全に圧倒されて、ぽーっとのぼせたように、彼らの姿に見入っていた。

「そこの人！　どこから来たの？　日本？　カメラ持ってるけど、撮らないの？」

「撮っていいんですか？」

「もちろんさ！　ここに並べばいい？　写真、よかったら、あとでこの村宛てに送ってよね！」

いでたちはとてつもなく華やかでも、身振り手振りを交えながらやりとりしてみると、散歩中に出会っておしゃべりした時と変わらない、村の気さくな女性たちだ。

パーッ、パラパーパラパーッ、ドンドドンドンドドン、と、楽師たちが笛と太鼓で演奏を始めた。花の民たちは立ち上がり、全員で大きな輪を作ると、ゆったりとした演奏のリズムに合わせて、踊りはじめた。片手を軽く持ち上げ、しずしずと小刻みにステップを踏みながら、時折、その場でゆるりと回り、合いの手のような歓声を上げる。ラダック人がお祭りや宴会の時に踊る様子と似ているが、回る方向が逆向きのようにも見える。

演奏が一区切りつくと、花の民たちは立ち止まって横並びになり、朗々と歌を歌いはじめた。歌声が、新緑の梢を越え、青空へと広がっていく。ラダック語ではなく、彼らが話すもう一つの言語、ドクパ語（ドクスカット）の歌のようだ。当時も今も、彼らの歌の内容は、僕にはわからない。彼ら自身も、すべての歌の意味を理解しているわけではないという。収穫を祝う歌、結婚を祝う歌、子供の誕生を祝う歌……。花の民たちは、数えきれないほどたくさんの歌を、先祖代々、受け継いできた。それらの歌は、彼らが花の民であり続けるための、大切な拠りどころなのだろう。

歌が終わると、太鼓と笛が鳴り響き、花の民たちはまた、しずしずと踊りはじめた。踊って、歌って、ちょっと休憩して、おしゃべりして、また踊って。のびやかで、艶やかで、初めて見たのに、ずっと昔から知っていたようにも感じる。こんなに豊かな時間の流れる村が、この世界には、まだ残っていたのだ。

それ以来、僕は、ダーと村の人々が、すっかり好きになった。


花の民たちは、昔からずっと変わらない穏やかな暮らしを営んできたわけではない。彼らは常に、国と国との諍《いさか》いに振り回され続けてきた。

第二次世界大戦後、英領インドがインドとパキスタンに分かれて独立した時、ラダックを含むジャンムー・カシミール藩王国は、インドへの帰属を選んだ。だがその後、インドとパキスタンとの間では、この地域の領有を巡って、武力衝突が幾度となく勃発。花の民の暮らすドクユルの地は、暫定国境線によってインド側とパキスタン側に分断され、行き来すらままならなくなってしまった。

一九九九年にインドとパキスタンとの間で起こったカルギル戦争では、ラダックの西端にあるイスラーム教徒の街、カルギル周辺で、激しい戦闘が繰り広げられた。ダーの周辺も戦場となり、砲弾が村にまで飛んできたという。ダー出身の僕の友人は、このカルギル戦争の際、砲弾の爆風によって母親を亡くしている。

これから先も、半歩間違えば、花の民たちの暮らすドクユルの地は、また戦禍に巻き込まれてしまうかもしれない。この一帯の帰属については、一筋縄ではいかない複雑な事情があるのだが、力と力による争いという愚かな選択だけは、もう金輪際、しないでほしいと思う。

しばらく前から、「ダーは、すっかり変わってしまった」という噂を聞くようになった。ラダックで撮影されたインド映画がいくつかヒットした影響もあって、二〇一〇年代に入ってから、年に十万人以上のインド人旅行者がラダックを訪れるようになった。欧米諸国やアジア、日本などからラダックを訪れる外国人旅行者も、年に五万人近くに達する。ダーをはじめとするドクユルの村々にやってくる旅行者の数も、以前とは桁違いに多くなったという。

訪れる人の数が増えれば、旅行者として守るべき当たり前のマナーを守れない人も出てくる。撮影の許可を取らないまま、いきなりぶしつけに村人にカメラを向ける人。お金を恵んでやるからと村人にわずかな紙幣を握らせ、撮影のためのポーズを要求する人。子供たちにガムやチョコレートをばらまいて、集まってきたところを写真に撮ろうとする人。季節がずれていた関係で頭上を飾る花の一部を造花にしていた村人に、「ニセモノだ、インチキだ」と難癖をつけた人もいたらしい。

少し前に、僕がひさしぶりにダーを訪ねた時、村人たちの表情は、以前とは明らかに違っていた。カメラを首にぶら下げた僕の姿を見ただけで、眉をひそめて「あっちに行ってくれ。撮らないでくれ」という人もいた。逆に、「撮らせてやるから、百ルピーくれ」とあからさまに金を無心してくる人もいた。僕はカメラをバッグにしまって、ラダック語で普通に声をかけ、話をしようとしてみたが、一部の顔見知りの人々を除いて、村人たちの猜疑心が完全に解きほぐれることはなかった。

僕自身、花の民である彼らについて、過去に出した自分の本の中で、写真を交えて紹介している。わずかな発行部数の本だったが、村人たちが不愉快な思いを強いられている今の状況の責任の一端は、僕にもあるのかもしれない。この地域にかぎらず、ラダックのどの場所でも、そこで暮らす人々には敬意を持って慎重に接するべきだと、本の中でもっとしっかり言及しておくべきだったと思う。

写真を撮らせてほしい、と現地の人々にお願いするとしても、ほんのちょっとした気遣いと丁寧なやりとりがあるだけで、彼らの心持ちは、全然違ってくるはずなのに。相手に嫌な思いをさせてまでコレクションした写真をSNSに載せて、いいねやシェアをしてもらったところで、いったい何の意味があるのだろう。

彼らは、僕たちと同じ、人間なのだから。

ダーで三年に一度催される大収穫祭、ボノナーに集う花の民の人々

瑠《る》璃《り》の湖のほとりで

Merak, Pangong Tso

人差し指、中指、薬指。左右合わせて六本の指で、ツェワン・リグジンは僕の手首を押さえ、軽く目を閉じ、指先に神経を集中させている。

「……悪くないよ、どこも」薄い虹彩の目を開け、手を離し、息をつく。

「そうですか、よかった。ジュレジュレ」

「ちょっと、火の元素が強いかな」

「……どういう意味ですか？」

「仕事に、カーッとなって集中するタイプだろう、君は。ちょっと、一生懸命すぎるんじゃないか？」

冗談めかしてそう言いながら、彼はフフッと笑った。

ツェワン・リグジンは、チベット伝統医学の医師、アムチだ。六十代半ばの彼は、ラダック東部にある巨大な湖、パンゴン・ツォ湖畔のメラクで暮らす、村でただ一人のアムチだった。

チベット伝統医学では、人間の身体は、地、水、火、風、空の「五元素」を基に現れる、ルン、ティーパ、ベーケンの「三体液」によって成り立っていると考えられている。これらの要素の調和が乱れると、病気の原因になるのだという。アムチは、患者の左右の手首から脈動を探ることで、三体液の調和が取れているか、乱れている場合は何が原因なのかを診断する。彼らの脈診を神がかった技術のように受け止める人もいるが、アムチはそれ以外にも、患者への問診、目の色や舌の色、場合によっては尿の状態なども確認して、総合的に診断を下す。そして、数百種類に及ぶという植物などの材料から、患者の症状に合わせて薬を調合し、治療を行う。かつては、ラダックではどこの村にも二、三人はアムチがいたそうだが、今はすっかり少なくなってしまった。

ラダックの中でも標高四千メートルを超える東の辺境に位置し、わずかな畑と四十軒ほどの家しかないこの村で、アムチとして村人たちから頼りにされている彼は、村一番の名士とも呼べる存在だ。ただ、当の本人には、偉ぶっているようなところはまったくない。温厚で物静かで、家の居間兼台所にいる時はいつも、僕のような泊まり客に茶や菓子を出してもてなしたり、彼に輪をかけて無口な妻と一緒に、せっせと食事の支度をしたりしている。

窓の外が暗くなってきた頃、すりきれた上着を着た村の若い男が一人、「ジュレー」と挨拶しながら、僕たちのいる居間に入ってきた。以前、ツェワンに往診してもらった自分の妻の薬を、代わりに受け取りに来たのだという。彼女のその後の具合について、男がぼそぼそと話すのを、うんうんとうなずきながら聞いていたツェワンは、部屋の隅に置いてあった古い鞄を引き寄せた。中には、ぱっと見は何に使うのかわからない診療道具や、薬の包みがいくつか入っている。彼は、三種類ほどの薬の粉末を慣れた手つきで計りながら調合すると、手近にあったノートから一ページをバリッと破いて、その紙で薬の粉末をこぼれないように包んだ。包みの外側に、服用の仕方をペンでさらさらっとメモする。

「そんな風にして渡してるんですね、マンヌ（薬）を」

彼の手元をのぞき込みながら僕がそう言うと、ツェワンは目を細めて、また、フフッと笑った。

妻の薬を受け取りに来た男は、懐から二、三枚の紙幣を取り出し、ツェワンの手に押し付けるようにして渡そうとした。

「どうかどうか」「いやいや」「まあそう言わずに」「いやいやいやいや」

ツェワンは困ったように笑いながらも、頑として受け取ろうとしない。かつてのラダックでは、アムチに診てもらった人は、お礼にアムチの家の畑仕事を手伝ったり、自分の畑で穫れた作物を進呈したりしていたそうだ。ツェワンの場合、診療代を受け取るかどうかは、その時々の判断で、金額も特には決めていないのだという。そういうところも、彼が村人たちから慕われている理由なのかもしれない。


「……今日は、湖の見晴らしのいいところに連れて行ってやろう」

「村の裏手の山ですか？　前に一人で登ったことが……」

「いや、村から少し南にあるところだ。そこに行ったことのあるチゲルパ（外国人）は、まだ誰もいない。とっておきの場所だよ」

「仕事は、大丈夫なんですか？」

「昼から、村のゴンパで用事があるが、それまでは大丈夫さ」

ツェワン・リグジンの家から外に出ると、ごついタイヤを履いている一台のピックアップトラックに乗るように促される。途中でかなり急な斜面を登るので、この車でないとダメらしい。

村の下手にある道を辿って、南へと向かう。いい天気だ。空には、ぽつぽつと雲が浮かんでいる程度で、太陽の光が、フロントガラスから車内いっぱいに射し込んでくる。道の左側には、たとえようもなく碧《あお》い色をしたパンゴン・ツォの湖水と、白い雪を戴いた山々が見える。

メラクを出て、カクステットという集落を過ぎ、さらに南に向かう。少し前まで、外国人は、パンゴン・ツォ周辺への入域許可証を持っていても、メラクから南に行くことは許されていなかった。そこまで行くと、インドと中国との間の暫定国境線に接近し過ぎてしまうからだった。規制がゆるめられたのは、ごく最近のことだ。メラク自体、外国人の立ち入りが許されるようになってから、十年ほどしか経っていない。

やがて、左前方に、湖に少し突き出すような形でそびえている、高さ百メートル前後のこんもりした形の丘が見えてきた。車は麓から加速をつけ、二つ、三つと急斜面を乗り越えて、ぐいぐいと丘を登っていく。少し平らになっている頂上に着き、ドアを開けて、外に出る。そこで目にした光景に、僕はしばらくの間、言葉を失ってしまった。

こんなに美しいものが、この世界にはあるのか。

丘の上から見渡したパンゴン・ツォは、岸辺で見るよりもさらに色合いに深みを増し、空がそのまま砕けて溶けてしまったかのような、瑠璃の湖水を湛えていた。南から射す太陽の光が、さざなみにきらきらと反射する。サファイア、ラピスラズリ、アクアマリン、ターコイズ……どんなに高価な宝石でも、この湖水の色と輝きには、比べようがない。

パンゴン・ツォは、幅は五キロくらいだが、長さは百三十キロにも及ぶ、とても細長い湖で、インドと中国の暫定国境線をまたぐような形で、東西に横たわっている。東側の六、七割ほどが中国、西側の三、四割ほどがインドの実効支配地域に含まれている。湖の北西端から南東に伸びてきた湖は、僕たちが今立っているこの丘のあたりで少し折れ曲がり、暫定国境線を越えて、真東に伸びていく。この丘から、湖の上を横切っているはずの暫定国境線までは、ほんの数キロしか離れていない。その先は、中国、というより、かつてはチベットであった土地へと続く。

「マー・デモ（本当に美しいですね）」

僕がそう呟くと、ゴンチェの裾を風に翻しながら佇んでいたツェワンは、サングラスの下で、フフッと笑った。

「お茶にするか」

彼は、車に積んであった魔法瓶とコップを取り出すと、ゴンチェの懐に入れていたビスケットの小さな包みを開いて、それらを地面に転がっていた平たい石の上に並べた。

「準備いいですねえ」

「まあ、ピクニックだからな。知ってるか？　そこに生えてる草も、薬になるんだぞ」

「へえー。どう使うんですか？」

「もう少し経ったら実がなるから、それをゆでてすりつぶして、塗り薬にするのさ。強壮剤にも使える」

紅茶をすすりながら、ビスケットを一つつまんで、かじる。首筋にひりひりと照りつける陽射しの熱を冷ましてくれるかのように、ひんやりとした風が、湖を渡って、僕たちの周囲を吹き抜けていく。

「あそこに、谷が見えるだろう。あの、山と山の間に」

ツェワンはそう言いながら、対岸の山の麓を指さした。確かに、大きくU字型にえぐれたような谷が見える。かつては氷河の底だったような地形だ。

「あの谷で、昔、砂金を見つけたことがある。今はもうないだろうがな」

「あんなところまで、行ったことがあるんですか？」

「もっと若い時にな」

「だって、暫定国境線の目の前ですよ？　ボートか何かで？」

「いや、歩いていった。冬になれば、湖は全部凍ってしまうからな。湖の氷の上を歩いて、向こう岸まで行き来できるようになるんだよ」

そんな話を聞きながら、さざなみにきらきらと反射する光を眺めていると、どこからどこまでがどっちの国なのかとか、そんな話が、本当にちっぽけな、どうでもいいことのように思えてくる。人間同士が、地面の上や湖の上に勝手に線を引き合って、せせこましいなわばり争いをどれだけ繰り広げたところで、この地を統べる自然の理には、何の意味も影響もない。

　人間がこの地に現れるよりもはるか前、太古の昔から、パンゴン・ツォはずっと同じように、瑠璃の輝きを放っていたのに違いない。この美しい湖のほとりに生まれ育ち、穏やかな生涯を過ごしていくツェワン・リグジンのような人たちは、きっと、そのことをよく理解している。

星空の下、王は眠る

Hanle

渺茫と広がる荒野。白く乾いた地表を、幾筋もの細い水流が、多頭の蛇のようにうねりながら流れている。ほんのわずかな畑と民家が、僕の立っている山の裾野に沿って、ぽつぽつと見える。

少し北に離れたところに、低い構えの岩山が連なっている。その右端に、中世ヨーロッパの城砦のような佇まいの、大きな白亜の建物が見える。十七世紀頃に建立された、チベット仏教ドゥクパ・カギュ派の古刹《こさつ》、ハンレ・ゴンパだ。

あの僧院を、自分の目で直に見られる日が来るとは、想像もしていなかった。

ハンレ・ゴンパとハンレの村は、ラダックの南東、チベットへと連なる標高四千五百メートルの高地にある。インドと中国との間の暫定国境線からは、数十キロしか離れていない。インドが英国の支配から独立した後、この地域への外国人の入域は、ずっと制限され続けてきた。ダーやパンゴン・ツォの周辺以上に、外界から閉ざされた地域だったのだ。

僕自身、ハンレという場所の存在自体は以前から知っていて、インド人写真家の撮影したハンレ・ゴンパの写真を見て、いつか行ってみたい、と、ずっと憧れていた。ただ、場所が場所だけに、外国人である自分がハンレに行くのはまず無理だろう、と半ばあきらめてもいた。

ところが、二〇一九年になって突然、ハンレへの外国人の入域が許可されるようになった。インド政府の真意はわからないが、中国に対して、この一帯でのインドの存在感を誇示するために、あえて開放したのかもしれない。ともあれ、こんなチャンスはめったにない。両国の関係がこじれたら、またすぐに閉ざされてしまうかもしれない。僕は矢も盾もたまらず、レーで入域許可証を取り、車を一台手配して、憧れの地、ハンレにやってきたのだった。

ふりかえると、蒼空を背景に、白い建屋の上に据えられた銀色のドームが、太陽の光を眩しく反射させている。十年ほど前にこの山の上に建設された、インド国立天文台の観測所だ。ドームの中には、口径が二メートルもあるヒマラヤン・チャンドラ反射望遠鏡が設置されている。夜になると、インド南部の都市ベンガルールにある国立天文台の研究施設から、コンピュータ制御でこの望遠鏡を遠隔操作して、観測が行われているそうだ。この山の麓には、電波望遠鏡による観測施設もある。確かに、これだけ天体観測に適している環境は、世界でもそう簡単には見つからないだろう。

何匹かの野良犬が、建屋の周辺をうろついているのが見える。僕の姿を見ても特に物怖じもせず、悠々とあたりをほっつき歩いている。たぶんいつも、天文台の施設を管理している地元の村人たちに残飯か何かをもらっているので、人に慣れているのだろう。何から何まで現実離れしているように思えるこの場所で、野良犬たちは、普段通りの彼らの日常を生きているように見えた。

天文台のある山の麓には、ハンレの村に含まれる集落の一つ、ナガがある。その中の一軒の家に、一晩、泊めてもらえることになった。

家の主はナワンという名で、浮き沈みのない穏やかな表情と、朴訥な口調が印象的な男だった。自家製のヨーグルトやバター、貴重なはずの野菜や卵などを使って、こんな辺境の地で味わえるのが信じられないほどおいしい食事を、彼は妻と二人で用意してくれた。

「この村に天文台を建てるという話が来た時、村の中には、反対する人もいたよ。何をするのかよくわからないものが、いきなり入ってくるんだからね。まあでも、今はみんな、天文台を受け入れて、うまくやっていると思う。……あそこで仕事をしている村の人間もいるし」

客間で夕飯をいただいている時、ナワンは訥々《とつとつ》と話してくれた。

「この村では、夜の七時になったら、窓のカーテンを全部きっちり閉める決まりになっているんだ。部屋の明かりが外に漏れて、天文台の観測の邪魔にならないように。家に電気が届くのも、十一時までで終わりなんだよ」

ナワンが伝え聞いている話によると、かつて、このあたりの土地には、定住している人間はいなかった。遊牧民たちだけが、季節に応じて北から南、南から北へと、何百頭もの家畜たちとともに移動しながら暮らしていたのだという。

十七世紀頃、ラダック王国のセンゲ・ナムギャル王が、この一帯まで勢力を伸ばし、ハンレ・ゴンパを建立した。岩山の上に屹立する美しい白亜の僧院は、この地を行き来する人々の心を捉え、彼らにとって大切な祈りの場所となった。

遊牧民たちは、ハンレ・ゴンパに立ち寄るたびに、家畜の肉や毛、乳、バターなどの産物を、僧侶に差し出した。交易のために東西を行き来する商人たちは、この地でつかの間の安らぎを得た。僧院の所有する荒地をささやかな畑に変え、穫れた作物を納める者も現れた。やがて、僧院の周りには、ぽつぽつと集落が生まれ、人が定住するようになった。

今、この地に暮らしているのは、三百世帯ほどの村人と、百世帯ほどの遊牧民、そして僧院で修行する地元出身の僧侶たちだけだという。東にある暫定国境線の近くには、インド軍と中国人民解放軍の兵士たちが、それぞれ駐留しているのだが。

「ハンレを離れて、別の土地で暮らそうと思ったことはありますか？　レーとか」

「……ないね。ここで生まれて、ずっとここで暮らしてきた。先祖から受け継いできた、土地も家もある。不満は何もない。今さら、レーに行って暮らそうとしても、仕事が見つからなくて、苦労するだけさ」

食事を終え、夜が更けた頃、ハンレ・ゴンパまで行ってみることにした。星空を背景に、僧院の写真を撮れないか、と思ったのだ。

カメラに広角単焦点のレンズを装着し、レリーズと三脚も用意して、車に乗り込む。ナガの集落から僧院までは、車で十分もかからない距離だった。ナワンの言った通り、どの家の窓からも、明かりは漏れていない。月明かりもない。真っ暗だ。

岩山の上に建つハンレ・ゴンパの少し下手で、車を降り、地面が平らな場所を探して、三脚を立てる。カメラを据え、レリーズをつけ、撮影設定はすべて手動で調整。レンズのフォーカスと構図を決め、試しに何度かシャッターを切り、その都度、設定を少しずつ修正する。

新月に近い時期だからか、夜空の闇の部分は、いつにも増して漆黒に見えた。昼の間にちらほらと浮かんでいた雲は、すっかり消え失せている。星は……何と言えばいいか、ちょっとうまく言葉にできない。何かの間違いじゃないかと思うくらい、途方もない数の銀色の輝きが、ぎっしりとひしめいている。星と星が、シャリシャリと擦れ合って音を立てているのが聞こえてきそうな気がするほどだ。仄白く見えるハンレ・ゴンパの上空に、闇にほとばしる光の奔流のように架かる天の川。ほんの時折、流れ星が、斜めにシュッと流れ落ちる。今までラダックを旅してきた中で、何度も満天の星空を見てきたけれど、このハンレで目にしたほどすごい星空は、なかったかもしれない。

僧院の麓、僕が三脚を立てている場所より少し上のところに、大きな仏塔と、マントラ（真言）を刻んだ石を積んだマニ壇のシルエットが、星空を背景に浮かんでいるのが見える。あの仏塔の中には、ハンレ・ゴンパを建立したセンゲ・ナムギャル王の遺灰が納められているのだという。

世界史の中ではいまいちパッとしなかったラダック王国だが、その歴史の中でもっとも栄えた十七世紀頃に国王として君臨していたのが、センゲ・ナムギャル王だった。王は、東隣のグゲ王国や南のザンスカール王国などを次々と併合し、それまでの王国の領土を大幅に拡大。王都レーでは巨大な王宮レーチェン・パルカルを建設し、王家の菩提寺となるヘミス・ゴンパなど、大僧院を各地に次々と建立した。

センゲ・ナムギャル王は、十七世紀半ば頃、外地への遠征から戻る途中、このハンレで病を得て、かつて彼自身が建立を命じたハンレ・ゴンパで、その生涯を終えたと伝えられている。強大な力を持つ王を失ったラダック王国は、その後、他の国々との抗争によって衰退の一途を辿り、十九世紀には滅亡してしまった。

王の遺灰を納めた仏塔は、このハンレの地で生きる人々を、今も静かに見守っている。星々はそのはるか上空を、何百、何千、何万年も変わらぬ輝きを放ちながら、東から西へと、廻り続けている。

王の遺灰を納めた仏塔の上空を、星々が廻る

ここは彼らの世界

Hanle, Tso Moriri

「……あっ！」僕は思わず声を上げた。「ツァピック・シン（ちょっと待って）！」

運転手はブレーキを踏み、車を道端に停めた。

ハンレの村、インド国立天文台の建つ岩山の南麓。うっすらと緑に覆われた、細かく波打つような湿地が広がる只中に、ほっそりとした、大きな二羽の鳥のシルエットが見える。

「チャトゥントゥン・カルモだ……！」

「こんなに近くで見れるなんて、珍しいな」

本当に、ものすごく近い。動悸が速まるのを感じながら、カメラに急いで望遠レンズを取り付け、そっとドアを開け、車の外に出る。

ぬかるんでいない場所を選びながら、湿地の中に踏み込んでいく。低い姿勢で、ゆっくりと、数歩ずつ。脅かさないように。警戒されないように……。

チャトゥントゥン・カルモ。英名はブラックネック・クレーン、和名はオグロヅルという、ヒマラヤ一帯に生息する鶴の一種だ。その名の通り、胴体は白く、首、尾羽が黒い。頭には、ぽつっと赤い斑がある。日本でよく知られているタンチョウなどと比べると、色合いは似ているが、かなり野性味のある雰囲気をまとっている。

カメラの望遠レンズを通して見てみると、その目つきは、まるで魚のように冷たい。でも、彼らの目つきを確認できるほどの距離で出会えるなんて、ラダックではめったにない機会だ。呼吸を整え、慎重にカメラを構え、フォーカスを丁寧に合わせて、少しずつ構図を変えながら、シャッターを切っていく。

夏になると、チャトゥントゥン・カルモは、ラダック南東部の標高四千メートルを超える地域に飛来する。この時期は繁殖期なので、彼らはほぼ常につがいで行動している。最近は、車や人の往来が増えたからか、彼らの繁殖地は人里や道路からどんどん遠ざかっていると聞いていた。僕自身、これまでに彼らの姿を目撃したのは、たった一度だけ。それも、霧雨の降りしきる中、彼らの姿が黒い点にしか見えないような、とんでもなく遠く離れた場所からだった。

憧れの推しの芸能人に街の中でばったり出くわしたら、こんな風に胸が高鳴るのだろうか。僕にとっては、間違いなく、それ以上の体験だと思う。ありがとう、と口の中で呟きながら、僕はシャッターを切り続けた。


ラダックには、その標高の高さや気候の厳しさを考えると意外なほど、たくさんの種類の動物がいる。

村々で人間に飼われている家畜は、羊、ヤギ、ロバ、馬、牛のほか、ヤク（雄の毛長牛）とディモ（雌の毛長牛）、ゾ（ヤクと牛の混血種の雄）とゾモ（ヤクと牛の混血種の雌）などがいる。馬とロバは主に荷役に使われ、ヤク／ディモとゾ／ゾモは、鋤《すき》を結わえつけて畑を耕す時や、収穫後の麦を踏ませて脱穀する時にも使われる。羊とヤギ、ヤク／ディモの毛は、毛糸や布地に。雌の牛やヤギ、ディモからは乳を搾って、バターやチーズ、ヨーグルトを作る。馬やロバ、牛以外の家畜は、肉を食用にもする。村人の食事の残飯は、もれなく家畜たちの餌になる。家畜たちの糞は、丹念に拾い集められ、日に干して乾燥させて、火を熾す時の燃料に使われる。すべてが循環し、無駄なく利用される。家畜たちの存在は、ラダックで暮らす人々が昔から築き上げていた循環型社会の要として機能していた。

ただ最近、ラダック各地の村々で飼われている家畜の数は、急激に減っている。村での農業や牧畜ではなく、レーの街で会社や役所に勤めたり、観光業に携わったり、あるいはラダックから離れたりする人が増え、家畜の世話をする人手が足りなくなっているのだ。いったん家畜たちを手放してしまうと、元の循環型の生活に戻すのは、かなり難しい。ラダックの人々の生活様式は、大きな岐路にさしかかっている。

一方、主にラダック東部の標高四千メートルを超える高地で、定住地を持たずに移動しながら暮らしている遊牧民たちは、一世帯につき、数百頭ものヤギや羊、数十頭ものヤク／ディモを所有している。彼らの飼っているヤギからは、主に首周りからパシュミナと呼ばれる希少で高品質な毛が採れ、かなりの高値で取引される。

街や村で暮らしているラダック人たちはよく、「遊牧民の連中は金持ちだよ、パシュミナのおかげで」と少しうらやましそうに言う。実際、彼らの多くは、裕福だ。現金を持て余したある遊牧民が、札束を地面の下に埋めて保管していたところ、銀行員がはるばる彼の暮らすテントまでやってきて、「お願いですから、銀行に預けてください！　札束が土に還ってしまいますよ！」と懇願したとか、そんな笑い話もあるほどだ。

遊牧民が飼っている家畜たちの様子を見学させてもらうなら、ラダック南東部にある湖、ツォ・モリリの近くがいい。湖畔の村コルゾクから少し山の方に入ったところに、遊牧民の夏の居留地がある。

夕刻になると、近くの山の中で草を食んでいた何百頭ものヤギたちが、いくつもの灰色の群れをなして、ゆっくりと居留地に戻ってくる。彼らは、自ら行儀よく列を作って、それぞれの飼い主の一家が持つ石囲いの中に、するすると入っていく。たまに間違えて別の飼い主の囲いに入ってしまって、連れ戻されるおっちょこちょいのヤギもいる。

遊牧民たちは、石囲いに収まったヤギたちの首を互い違いにぴっちり結わえつけ、バケツを持ってきて、雌のヤギの乳搾りを始める。ヤギたちは恍惚の表情を浮かべながら、互い違いに結わえつけられた奇妙な体勢のまま、じっと佇んでいる。

自由気ままではあるけれど、厳しい自然の中で生きる遊牧民たちの暮らしは、けっして簡単なものではない。冬に強烈な寒波に襲われて、彼らの飼うヤギや羊がたくさん凍死してしまったという話は、昔からしょっちゅう耳にする。遊牧生活に見切りをつけ、家畜を手放し、別の仕事を選ぶ遊牧民も増えている。

いつか、家畜を飼うという生活様式そのものが、ラダックですっかり廃れてしまう日が来てしまうのかもしれない。


家畜だけでなく、ラダックは野生動物の種類も豊富だ。

旅をしていて、一番多く見かけるのは、マーモットだ。ラダック語でピャと呼ばれる彼らは、山間部の比較的開けた地形のところに数多く生息している。ラダック東部の高地にもたくさんいるが、特に多いのは、ザンスカール北西部のペンジ・ラという峠から、スル渓谷の南部にかけての一帯だ。以前、そのあたりを車で移動している間に、マーモットを何匹見つけられるか、試しに数えてみたのだが、五十匹を超えたあたりで、よくわからなくなってしまった。見た目は丸々と肥えていて、かわいらしいけれど、図体は意外に大きく、中型犬くらいの大きさがある。危険を察知すると、あっという間に、近くに掘ってある巣穴に逃げ込む。はるか上空を音もなく舞うゴールデン・イーグルは、マーモットたちの天敵でもある。

マーモットより小さな哺乳動物だと、ネズミの仲間や、ザブラと呼ばれるナキウサギ。やや大きな肉食動物だと、めったに見かけないが、キツネやオオヤマネコ、オオカミなどもいる。

大型の草食動物では、アイベックスやブルー・シープ、ウリアルなどがいる。成長した彼らの雄は、遠くから見てもそれとわかるほど頭に立派な角を戴いていて、自分の胴体に刺さったりしないのかと心配になるほどだ。彼らの頭骨と角は、ラダックの民家の軒先や石塚などで、魔除けの一種として祀《まつ》られているのをよく見かける。

野生のロバの一種であるキャンは、ラダックの南東部、ツォ・カルやツォ・モリリからハンレにかけてのあたりで、よく見かける。見た目はロバよりも馬の印象に近い、すらりとした体型で、クリーム色に茶色のぼかしの入った毛並みが美しい。ハンレの村では、地元で飼われている馬の群れに、なぜかキャンたちも混ざって草を食べていたので、ちょっとびっくりしてしまった。

ラダックで生態系の頂点に立つ肉食動物は、ユキヒョウだ。ヒマラヤの一帯に生息するヒョウの仲間で、斑点のある灰色の毛並みと、がっしりとした四肢、急峻な岩場でバランスを取るのに役立つ太い尻尾を持っている。個体数はとても少なく、絶滅危惧種に指定されている。

ユキヒョウは基本的に人間の気配を嫌うため、めったにその姿を人目に晒さない。僕自身、ユキヒョウの姿を目撃した経験はない。ただ、真冬のザンスカールを歩いて旅している時に、雪の上に残っていたユキヒョウの足跡と尻尾を引きずった跡は、何度か見たことがある。ある時は、乱れた足跡と一緒に、ユキヒョウがその場で捕らえたらしい獲物の血の痕が雪の上に残っているのを見た。彼らがほんのちょっとでもその気になれば、僕なんぞ、ひとたまりもないのだ、と思い知らされた。

ラダックでも、道路の延伸などによる急激な開発の波が、野生動物たちの生息地を侵食しつつある。ここ数年、ユキヒョウが夜に山から下りてきて、村の家畜を襲うという話を聞くことが増えた。山奥の村だけでなく、開けたところにあるかなり大きな村でも、だ。ラダックの人々の間では、家畜を襲うユキヒョウを害獣のように考える人も少なくない。でも僕は、それはさすがに、人間のわがままではないか、と感じてしまう。

彼ら野生動物たちが自然の中で代々生き抜いてきた時間に比べれば、人間は、ほんの瞬きほどの歴史の中で、この世界に居させてもらっているだけなのでは、と思う。そんな新参者である僕たちが、勝手気ままに大地をほじくり返し、彼らが生きてきた世界を奪ってしまってもいいのだろうか。己の力にうぬぼれて、自然に対する畏怖の念を忘れてしまったら、僕たちは取り返しのつかないものを失って、いつか、手痛いしっぺ返しを食らうことになるかもしれない。

ここは、彼らの世界なのだ。

チャトゥントゥン・カルモ（オグロヅル）のつがい

キャン（チベットノロバ）の群れ

ザンスカール

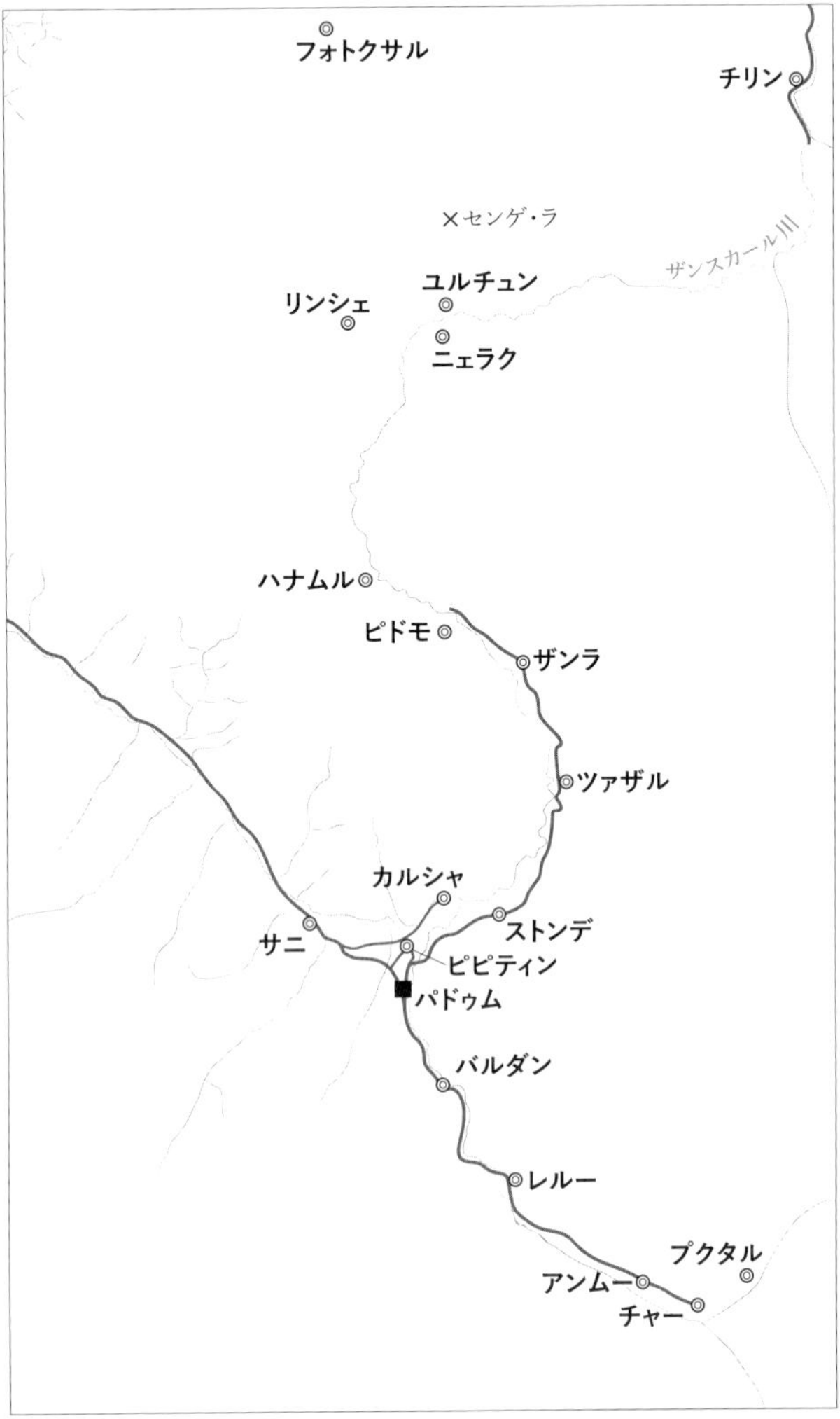
フォトクサル
チリン
×センゲ・ラ
ザンスカール川
ユルチュン
リンシェ
ニェラク
ハナムル
ピドモ
ザンラ
ツァザル
カルシャ
ストンデ
サニ
ピピティン
パドゥム
バルダン
レルー
プクタル
アンムー
チャー

ザンスカールを歩く

Zanskar Trek

八月三十一日

午前四時前に起きる。身支度と荷造りを終えた頃、運転手のダワが、ツーリスト・バンガローの部屋に迎えに来てくれた。彼の車に荷物を積み、すぐに出発。真っ暗な道を、時速八十キロで突っ走っていく。

今日は、ラダック西部のイスラーム教徒の街カルギルから、スル渓谷を南下し、ザンスカールへと向かう。ザンスカールの中心地パドゥムまでは、順調に行っても、車で十四、五時間はかかる。日が暮れないうちに着くためには、このくらいの時刻に出発しなければならないのだ。

「昨日、警察署長さんと一緒にあんたがタクシースタンドに来た時は、びっくりしたよ」

慣れた手つきでハンドルを操作しながら、ダワが言う。

「友達の親戚なんだ、あの署長さんは。僕も、おととい初めて会ったんだけど。街の案内とか、この車の手配とか、いろいろ手伝ってくれて」

「何の仕事をしてるんだ、あんたは？」

「キダップ・ディカン（物書き）。今は、ラダックの旅行用ガイドブックを作ってるんだ」

「へえ。それで、一人で車をチャーターしたのか。ザンスカールから帰る時も、車か？」

「いや、トレッキングで。ザンラからフォトクサルまで、五日くらいかけて、歩いて戻るつもり。ガイドブックを作るのに、トレッキングのナクシャ（写真）が必要だから」

「馬と、ガイドは？」

「ホースマンを一人、レーから知り合いが手配してくれてる。ザンラの村で落ち合う予定なんだ」

一時間ほど走り続けて、空が白んできた頃、サンクという小さな町を通過。パニカルという村の近くにさしかかると、道路の舗装がなくなり、車がガタガタと激しく揺れるようになった。時々、車を停めてもらって、村や風景の写真を撮る。空は、よく晴れている。風が冷たい。麦畑の広がる中に、ぽつぽつと建っている民家。銀色の屋根と尖塔を持つモスクも見える。カルギルと同じく、スル渓谷も、ほとんどの住民はイスラーム教徒なのだという。

谷が東に向かって大きく湾曲するあたりで、道端で手を挙げていた小学生くらいの男の子を一人、車に乗せてあげる。この先のパルカチックの村まで乗せていってほしいという。まだ小さいのに、ヒッチハイクにもすっかり慣れているようだ。

パルカチックの村から、スル川を挟んで南側には、パルカチック氷河が迫っている。無数の襞《ひだ》が刻み込まれた巨大な氷塊は、下の方が土に黒く覆われ、大地と見分けがつかなくなっている。氷河が真正面に見える場所には、小さな鉄橋と、茶店が何軒かある。僕たちはヒッチハイクの男の子を車から降ろし、茶店で少し休憩することにした。

氷河から、冷気をはらんだ風が吹き下りてくる。見上げると、氷河の氷が見切れるその上に、真っ青な空と、雪に覆われた鋭い岩峰が見える。あれは確か、ヌンという山のはず。この近くにあるヌンとクンは、それぞれ標高七千メートルを超える高峰だ。そんな高い連山がすぐ南にあるからか、パルカチックは、ラダックでも一年を通じてもっとも気温が低い地域なのだという。

「あの氷河も、昔はもっと、でかかったんだ」遅い朝飯を食べ終え、再び車に乗り込みながら、ダワが言う。「この十年かそこらだけで、どんどんしぼんでいってるよ」

泡立つ急流が流れる谷沿いの道を、東へと向かう。路面は、油断していると車の天井に頭をぶつけてしまうくらい、荒れている。でも、窓の外の風景は、ため息が出るほどの美しさだ。うっすらと雲をたなびかせながら、空にそびえる白銀の峰々。山肌をずっしりと埋める、いくつもの巨大な氷河。そこからはるか下まで流れ落ちていく雪解け水……。

天井に頭を少々ぶつけようが、この道、一生に一度は通る価値がある。

荒っぽい路面から伝わる振動に何時間か耐えているうちに、車は、うっすらと緑に覆われた湿地帯の中の道を走るようになった。時折、丸々と肥えた褐色の毛並みのマーモットが、巣穴からひょこっと姿を現すのが見える。

ジュルドと呼ばれる小さな集落で、僕たちは車を停め、小さな茶店でメギを食べた。このあたりは、カルギルからパドゥムまでの道程の、ほぼ中間地点だ。まだまだ先は長い。

集落の少し南にぽつんとある丘の上には、白と赤の壁の小さな僧院、ランドゥム・ゴンパが建っている。ざっくり分けると、スル渓谷からこの僧院までがイスラーム圏、ここからザンスカールにかけてが仏教圏ということになる。ランドゥム・ゴンパでは、二〇〇〇年七月、イスラーム教徒の武装集団が三名の僧侶を殺害するというひどい事件があった。丘の麓には今も監視ポストがあり、ものものしい雰囲気が漂っている。

あいかわらずのデコボコ道を、南東へと進む。ゆるやかな勾配ではあるが、上り坂が次第に増えてきた。標高は、四千メートルくらいまで上がっている。スル川の流れは次第に細まり、はるか下方に遠のいていく。

道から右下に広がる斜面に、ヤクやディモ、牛、馬が、ぽつぽつと黒い毛玉のように散らばっている。ところどころに、簡素な石壁にトタン板やビニールシートの屋根を葺いた、背の低い小屋がある。ちらほらと人の姿も見える。家畜の糞を燃料にするために並べて干して乾燥させていたり、別の小屋では、トタン屋根の上にシートを広げ、白いチーズを干してチュルペ（乾燥チーズ）を作っていたり。ダワに車を停めてもらって、挨拶をしてから、彼らの仕事ぶりを写真に撮らせてもらう。

「ここに住んでるわけじゃないよね？　あの人たち」

「夏の間の三カ月くらいだけだよ。牛や馬に、いい草を食わせるためにね」

標高四千四百メートルの峠、ペンジ・ラは、彼らの夏の放牧地のすぐ先にあった。無数のタルチョとカタが結わえつけられた石塚の脇を抜け、つづら折りの下り坂にさしかかる。と、右前方に、きれいなS字型に湾曲した、巨大な氷河の姿が見えてきた。今日の道程で見てきた氷河の中でも、ひときわ大きい。ダラン・ドゥルンと呼ばれている氷河だ。

「さあて」ハンドルを握ったまま、気合を入れ直すように、ダワがフッと息をつく。「ここからは、ザンスカールだよ」

峠を下り、ほぼ平坦な地形を走るようになってからも、道はあいからわず、未舗装のデコボコ道のままだ。この道はもう何十年もの間、ザンスカールと外界との間をつなぐほぼ唯一の車道だったのだが、路面の整備はいまだに進んでいない。車で移動するにもかなり時間がかかるし、パンクや故障も日常茶飯事だという。

振動に耐えながら走り続けていくうちに、ようやく、小さな集落が見えてくるようになった。屋根の上に干し草を積んだ古めかしい民家が、ぽつん、ぽつんと建っている。道幅いっぱいに広がって、のんびりと移動している羊たち。先に進むにつれ、見かける集落の規模は少しずつ大きくなり、村と呼べるほどのにぎわいになってきた。

途中、十代の女の子が一人と、三十代くらいの尼僧が二人、パドゥムまで行きたいと言うので、後部座席に乗せてあげることにした。二人の尼僧はびっくりするほど陽気で、こっちが返事に困るような下ネタの冗談を織り交ぜながら、いろんな話題のおしゃべりをわいわいと繰り広げる。そのにぎやかさに、ここまでの道程でたまった疲れが、少しだけ解きほぐれたような気がした。


パドゥムの町には、夕方より少し早い時間に着くことができた。あてにしていた二軒のゲストハウスはどちらも満室だったが、目抜き通りの交差点近くにある安宿に空室があった。一泊五百ルピー。悪くない部屋だが、若い従業員たちが妙に騒がしいのが気になる。まあ、背に腹は代えられない。

宿探しまで付き合ってくれたダワに報酬とチップを渡して別れ、宿の部屋で少し休んでから、どこかの食堂で晩飯を食べるため、外に出る。パドゥムに来たのは、三年ぶりくらいだ。目抜き通りの左右に、背の低い建物が間隔を空けて建っていて、ところどころに小さな商店が入っている。半分以上の建物は、シャッターを閉ざしたままだ。これから何日か、この町で過ごすことになる。

顔を上げると、古代の石器のように尖った岩峰が、虚空にそびえているのが目に入る。山頂に残る白い雪が、夕刻の光に仄かに浮き上がって見える。

戻ってきた。どうにかこうにか、ここまで来れた。

九月一日

夜中に、風がものすごい唸りを上げていたような気がするのだが、よく覚えていない。十一時間くらい寝た。目が覚めて起きてみたら、外は曇りで、肌寒く、小雨までぱらついている。まあでも、仕事はしなければならない。

今日は、パドゥムの町の取材。今回泊まっている宿も含めて、町にあるホテルやゲストハウスをいくつか回る。料金や連絡先、営業時間など、ガイドブックに載せるのに必要な情報を聞き、部屋を見せてもらって、内部と外観の写真を撮る。タクシースタンドを訪ねて料金表をもらい、旅行会社であれこれ聞き込みをする。町を歩きながら、ノートに簡単な地図を書いて、何がどこにあるのか間違えないように、ちまちまとメモしていく。南北に一本の目抜き通りが走っているだけの、とても小さな町なので、それほど手間取ることもなく、一通り調べて回ることができた。

遅めの昼飯に、小さな食堂に入って、テントゥクという、すいとんのようなちぎり麺と野菜の入ったトゥクパを食べる。その後、町の北の郊外にある、ピピティンという村へ。丘の上に、人々から「グル」と呼ばれる古い仏塔と僧院があることで知られている村だ。その丘の麓に、日本や欧米のグループツアーでよく利用されているホテルがあると聞いていたので、取材しておこうと思ったのだ。

ホテルの門と、建物の入口は開いていた。夏の観光シーズンもそろそろ終わりだからか、グループツアーの客が泊まっている気配はない。「ジュレー!」と何度か呼ばわっていると、奥の方から、「ごめんごめん、呼んだ?」と一人の男が姿を現した。

人懐こい笑顔と話しぶりが印象的な彼は、このホテルのオーナーで、ノルブという名前だった。「日本人のお客さんからは、ノブさん、と呼ばれてるんだ」というので、僕も「ノブさん」と呼ばせてもらうことにした。

テーブルと椅子が並んでいる広々とした食堂に通され、ガイドブック作りに必要なこのホテルについての情報をざっと教えてもらった後で、僕は、個人的に彼に訊いてみたかったことを質問した。

「去年の夏、日本の旅行会社のグループツアーのお客さんが、何組か泊まってますよね？」

「毎年、お祭りとかのタイミングに合わせて、たくさん来るよ」

「僕の父と母も、去年、ツアーの途中にここに泊まったんですが、憶えてますか？」

「へえ、ここに……待てよ、あの人たちのことかな？　確か、息子さんがラダックの本を書いてるって……君か！　君が息子さんだったのか！」

「ええ、たぶんそうです。去年、僕がレーで知り合った別の日本の女性の方からも、ここに泊まった時、父と母に会ったと聞いていて」

「そうそう！　プクタルからパドゥムに戻ってきた日本人の女の子が一人いて、君のお父さんが、ここでその子にビールをおごってたよ！　すごく愉しそうにしてたなあ。ミー・ギャラ（いい人）だった。そうか、君が息子さんなのか……。お父さんとお母さんは、元気にしてる？」

「母は、元気です。父は……亡くなりました。一カ月ほど前に」

「えっ……！　……ご病気で？」

「母とイタリアを旅行中に、急に倒れてしまって。その時、僕は取材でラダックにいたんですが、いったん帰国して、葬儀を終えた後、ついこの間、こっちに戻ってきました。ザンスカールの取材がまだ残ってたので」

「ごめん、そうだったのか……」

「いえ、父のことを訊いたのは僕ですから、気にしないでください。ここでの父の様子を知ることができて、よかったです。ジュー・バクシェース（本当にありがとう）」

別れ際、ノブさんは僕の肩を軽く叩きながら、僕が数日後から始める予定のトレッキングに必要な買い物や、出発地点のザンラまでの足探しなど、何でも手伝うよ、と言ってくれた。こんな辺境の地に来ても、僕はいろんな人に助けてもらっている。本当に恵まれている、と思う。

九月二日

朝起きて、窓の外を見ると、空はからりと晴れていた。写真を撮るにはよさそうな日和なので、バルダン・ゴンパまで行ってみることにする。以前訪ねた時は、天気も時間帯もよくなくて、いい写真が撮れなかったのだ。

タクシースタンドまで歩いていって、受付で行き先を告げると、すぐ脇でエンジン整備中の車をあてがわれてしまった。少し不安だったが、バルダンまでは道は悪いものの、そこまで遠くはなく、三十分ほどで着くことができた。

バルダン・ゴンパは、パドゥムから南東に続く、ルンナク渓谷にある僧院だ。ルンナク川の岸にそびえ立つ巨岩の上に建てられていて、まるで古代の要塞のような、いかめしい姿をしている。運転手にしばらく待っていてくれるように頼み、車を降りると、僧院の麓の門の前に、二十代くらいの若い僧侶が二人、立っていた。

「ゴンパに行くの？」一人に声をかけられる。「今、誰もいないみたいだよ」

「そうなんですか？」

「あっちの村に、法要をしに行ったみたいなんだ。僕らも今知ったんだけど」

一人で門をくぐって少し坂を上り、入口の扉を見てみると、確かに鍵がかかっている。バルダン・ゴンパに関しては、前回も今回も、ソデメッカン（ツイてない人）だな……。せめて外観の写真だけでも、と、道路まで出て、場所や角度を変えながら、いくつかのパターンで写真を撮る。

……と、さっき言葉を交わした後、どこかに姿を消していた二人の僧侶がまた現れて、僕に声をかけてきた。

「ねえ、一緒にゴンパに入っちゃおうか。僕らも拝観したいから」

「えっ？　誰も戻ってきてないのに？」

「何とかなるよ」

彼らの後について、また入口まで行ってみると、二人は、扉の周囲のあちこちをかたっぱしから手探りして、とうとう、脇の穴の石ころの下から、鍵を見つけ出してしまった。

「うわ！　すごい！」

二人はニヤリと笑って、ずんずん中に入っていく。この僧院には確か、外部から人が来るとけたたましく吠えかかる番犬がいたはず。大丈夫だろうか……と心配したのだが、犬は寝ぐらで寝そべったまま、ほんのちょっと、耳を動かしただけ。外部の人間でも、僧侶には吠えないのだろうか。不思議だ。

境内まで入ってみると、本堂の扉にも鍵がかかっている。が、二人はここでもあちこち手探りして回って、あっという間に鍵を見つけてしまった。同じ僧侶だから、隠しどころにもピンと来るのかもしれない。ともあれ、二人のおかげで、精緻な曼荼羅の壁画が残っている本堂の中を撮影させてもらうことができた。留守中にお邪魔させてもらったお詫びに、本尊の前に少し多めにお布施を置く。

もし、僕一人だったら、鍵を見つけ出すことなどとてもできなかっただろうし、そもそも一般人でよそ者の僕が、勝手に鍵を探して中に入るなんて、畏れ多すぎる。僧侶の二人とたまたま一緒に行動できて、今回はソデチャン（ツイてる人）だったな、と思う。

この後、二人はパドゥムまで行くというので、車に乗せてあげて、一緒に町に戻ることにした。ずっと怪しげな音を立てていたエンジンは、どうにか持ちこたえてくれた。

九月三日

今日は、サニ・ゴンパまで撮影に行く。パドゥムからは少し距離があるが、時間はあるし、道も平坦なので、歩いていってみることにした。

朝のうちは曇っていた空も、歩きはじめる頃にはすっかり晴れていた。町から北西に伸びる、乾いた荒野の中の一本道を、てくてくと歩いていく。車ともめったにすれ違わない。暑い。陽射しが強烈だ。時々立ち止まって、水筒から水をちびちびと飲む。朝のうちは、気分が何となく塞いでいたのだが、目も眩むほど澄みわたった青空の下を一人で歩いているうちに、何だかどうでもよくなってきた。

パドゥムを出発して、一時間半ほどで、サニの村に到着。村外れに池や湿地のある、このあたりではかなり大きな村だ。サニ・ゴンパは、ザンスカールでも飛び抜けて古い由来を持つ僧院で、中にあるカニカ・チョルテンという仏塔は、本当かどうかわからないが、二世紀頃に造られたと伝えられている。毎年夏に催されるチャムの祭礼、サニ・ナロ・ナスジャルの二日間には、大勢の地元民と観光客がここに押し寄せるという。

今日のサニ・ゴンパには、まったく人の気配がない。常駐している僧侶も留守のようで、本堂の扉には大きな錠がかかっていた。中庭には入ることができたので、古い言い伝えのある仏塔やお堂を見て回る。ガイドブックに載せるのに必要だった建物の外観の写真も、一通り押さえることができた。

サニからの帰りも、一人で一本道をてくてく歩いていく。と、後ろからエンジン音が近づいてきて、すぐ脇で一台のバイクが停まった。ロイヤル・エンフィールドという大型バイク。黒い上着にサングラスをかけた、ザンスカール人の若者が跨っている。

「どこに行くの？　パドゥム？　歩いてく気？　変わってんなあ。後ろに乗れよ！」

やった。今日も何だかんだで、ソデチャンだ。

ありがたくシートの後ろ半分に乗せてもらうと、ぐん、と身体が後ろに引っ張られるような勢いで、バイクは荒野の中の一本道を走り出した。何て爽快なんだろう！　真っ青な空、眩しい太陽、頬をなぶる風。あまりに気持ちよすぎて、ちょっと言葉にならない。

九月四日

昼、ノブさんが宿まで訪ねてきてくれたので、一緒にトレッキングに必要な食糧などの買い出しに行く。目抜き通りの交差点近くにある、食品や日用雑貨を扱っている店へ。米、小麦粉、ダール、塩、砂糖、油、スパイス、茶葉、メギ、ビスケット……。僕があらかじめ作っておいたリストを基に、ノブさんが分量を微調整しながら注文を手伝ってくれた。買った品物は、ズダ袋と木箱に詰める。明日の午後、出発地点のザンラの方面に行くミニバスに乗るつもりなので、野菜はその直前、明日の午前中に買うことにした。

ノブさんは、明日の昼も僕のところに来て、ザンラ行きのミニバスか乗合タクシーを探すのを手伝ってくれるという。父のことで気を遣わせてしまっているのかもしれない、と、ちょっと申し訳なくなる。

店で買ったものを宿の部屋に運び込み、ふーっと息をついて、ベッドに寝転がる。何かに取り組んでいる時は気が紛れるのだが、何もしていないと、ぼんやりしてしまって、どうにも落ち着かない気分になる。

自分はなぜ、ここで、こんなことをしているのだろう。本を作るために必要な取材と撮影であることは、もちろん、わかっているのだけれど。

もし、父がまだ生きていたら、今の僕の生き方を、どう思うのだろう。

父がこの世を去ったのは、一カ月ほど前になる。

父は、母と一緒に日本の旅行会社のグループツアーに参加して、イタリア北部の山岳地帯、ドロミーティを旅していた。山間部にあるホテルの浴室で、父は突然、脳内出血を起こして倒れた。ヘリコプターでホテルからボルツァーノ市内の病院に搬送されたが、すでに手の施しようのない状態で、三十分後に息を引き取った。

父の死を報せるメールを、僕はレーのサイバーカフェで受け取った。その時、僕はラダックのガイドブック制作に必要な取材のために、二カ月間の予定でラダックに滞在していて、ちょうど半分ほどの日程を消化したところだった。現地のホテルに残っている母に付き添うため、僕は翌日からイタリアに飛ぶことにした。ラダックでの残りの取材はいったんすべてキャンセルし、電話とメールを使ってあちこちに手を回し、丸一日がかりで、どうにか航空券を手配した。

その日の夜、ノルブリンカ・ゲストハウスの台所での食事は、ほとんど喉を通らなかった。何もかもがあまりにも急で、気持がまったく整理できない。これから先、いったい、何をどうすればいいのだろう。

うなだれている僕の表情を見て、デチェンは「タカ、ちょっとお聞き」と言った。

「タカ。あんたは今、勇気を持たなきゃならない。あんたのアマレ（お母さん）とノモレ（妹さん）を支えられるのは、あんたしかいない。だから、勇気を出しなさい。その勇気で、あんたの家族を助けてあげるんだよ」

「……わかった。ありがとう」

翌朝、僕はレーからデリーへ、そしてミラノに飛び、空港からの迎えの車に乗って、ボルツァーノへと向かった。

車の中で僕は、子供の頃のある日の夜のことを思い出していた。その夜、僕たち家族は車で出かけて、少し遠くにある中華料理店に行ったのだ。店での食事のことは何も憶えていないのだが、帰りの車で助手席に座った時、運転席でシフトレバーを握る父の手にぷっくり浮かんだ静脈をつついて遊んだことは、不思議によく憶えている。指先に父の手のぬくもりを感じながら、もし、この温かい手を持つ人がこの世からいなくなったらどうしよう、と不安にかられたことも。

病院の遺体安置所で対面した父は、まるで、陽当たりのいい場所で居眠りをしているような、穏やかな顔つきをしていた。腹の上で組まれた父の手に、僕はそっと触れた。温かかったはずのその手は、氷のように冷たく、固かった。

父は、真面目すぎるくらい真面目で、几帳面な人間だった。酒はほんの少したしなむ程度で、タバコもギャンブルもゴルフもやらなかった。東京大学を卒業するほどの秀才で、その気になればどんな職業でも選べたはずだったが、当時体調を崩していた両親を支えるために、故郷の岡山で高校の国語教師になる道を選び、定年までその仕事を全うした。退職してからは、長野の安曇野に建てた小さな別荘で過ごしながら写真を撮り歩いたり、母と二人で海外旅行に行ったり、近くに住む妹の家で、怪獣のように元気な孫たちの面倒を見たりしていた。

申し分のない老後を過ごしていた父にとって、唯一の悩みの種は、息子である僕のことだったのではないかと思う。僕は、父とはまるで正反対の、行き当たりばったりな生き方を選んだ。大学を自主休学して旅に出てしまったり、卒業後もろくに定職に就かず、出版社で少し働いて金を貯めては、また旅に出てしまったりしていた。今も、物書きや写真家として一人前になれているとは、とても言えない。

「父にとって、僕は、ダメな息子だったと思います」

岡山の実家で、葬儀の前に親戚の人たちと会っていた時、僕がそう呟くと、叔父の一人が僕に言った。

「お父さんは、君がそういう生き方をしているのを、とても喜んでいたんだ。うらやましい、とさえ思っていたんだ」

本当に、そうだったのだろうか。僕は、父に訊いてみたかった。僕が選んだ生き方は、間違っていなかったのか、と。

九月五日

午前中のうちに、宿の近くの八百屋で、トレッキングに持って行く野菜を調達。ジャガイモ、ニンジン、タマネギ、カリフラワーなどのほか、比較的日持ちするリンゴなど。ホースマンのケロシンストーブで使ってもらうためのケロシンも買ったが、レーでの値段の三倍くらいした。まあ、仕方ない。

昼少し前に、ノブさんがまた宿まで訪ねてきてくれた。荷物を宿に預けたまま、目抜き通りの交差点近くで、ザンラ方面に行くミニバスか乗合タクシーがないかどうか、二人で聞き込みをする。どちらもなければ、少々高くつくが、車をチャーターするしかない。

「バスは、今日はないみたいだ」何人かと話してきたノブさんが言う。

「どうしようかな……乗合タクシーの運転手はいますかね？」

「どうだろう。いつもは、あのあたりに……あ！　あれ、カルザンじゃないか？」

指さした先に、鮮やかな緑色のセーターを着た、細身の男が見える。

「カルザン？」

「ザンラ王の息子のカルザンだよ！」

「ああ、ザンラ・カルの！」

ザンスカールはかつて、二つの小さな王家によって治められていた。一つの王家はパドゥムに、もう一つはザンラにあった。ザンラ王家の末裔は今も、ザンラの村にあるザンラ・カルと呼ばれる邸宅に住んでいる。カルザン・チョタク・ナムギャル・デは、ザンラ王家の王子にあたる人だった。

ノブさんと二人でカルザンを呼び止め、声をかける。三年前の冬、僕がザンスカールを旅した時にザンラ・カルに泊めてもらったことがある、と伝えると、

「ああ！　パドマ・ドルジェと一緒だった、あのジャパンパ（日本人）か！」と、サングラスをかけた顔をうれしそうにほころばせた。道路脇に停めてある車の屋根には、何箱もの荷物と、子供用のカラフルな三輪車が一台、結わえつけてある。

「レーまで買い物に行って、戻ってきたばかりなんだ。これから、ザンラに帰る」

「僕も明日からトレッキングに行くので、これからザンラに行こうと思ってるんです。でも、今日はバスがないらしくて」

「そこにあるもう一台の車もザンラまで行くから、君一人なら乗れると思うよ。村ではまた、ザンラ・カルに泊まればいい。一緒に行こう」

「いいんですか？」

「もちろん！　この間、お客さん用の部屋も建て増ししたから、ゆっくりしていってくれ」

何てことだ。今日もつくづく、ソデチャンだな、と思う。

宿から荷物を運び出して、もう一台の車に積み、ここまですっかりお世話になってしまったノブさんと固く握手をして別れ、後部座席に乗り込む。三輪車を屋根に積んだカルザンの車の後を追って、車は北へと走り出した。


ザンラは、パドゥムから北へ伸びる未舗装の平坦な道を、三十五キロほど走った先にある。ザンスカール川沿いでは、かなり大きな村だ。車道は、この村から少し北のあたりまでしかない。村の南外れの小高い岩山の上には、今は使われていないザンラ王家の旧王宮がそびえている。王家の末裔が暮らしているザンラ・カルは、集落の中心近くにある。ほかの民家の数軒分はある、大きな屋敷だ。

カルザンは、自分たちの荷物と一緒に僕の荷物も屋敷に運び込ませ、僕を屋敷の中へ招き入れてくれた。ものすごく広々とした居間兼台所で、チャイとバター茶、ビスケットをいただく。壁に作りつけの棚に、磨き上げられた金属製の鍋や食器がずらりと並んでいる。レーには行かずに留守番をしていたカルザンの小さな末息子が、おみやげの三輪車をもらって、キャーッ！　ギャーッ！と狂喜乱舞しながら、居間の中をギコギコと走り回っている。

「日本人を探してるという人が、ここに来てるぞ。君が雇ったホースマンじゃないか？」

そう言いながらカルザンは、一人の男を居間に連れてきた。背が高く、面長で、少し厳しげなまなざしをした男。パリという名前だそうだ。出発前日の夕方にザンラで落ち合おう、というざっくりした約束を知り合いづてにしていただけだったので、無事に会えて、ほっとした。

パリの話によると、僕が計画していた、ザンラからザンスカール川の東側の山中を北上してニェラクの村を目指すルートは、少し前に降った雨で地盤がゆるんでいて、かなり危ない状態だそうだ。「人間は大丈夫だが、馬たちが心配だ」と。そこで計画を変更し、ザンスカール川の西岸にあるピドモの村から、トレッキングのメイン・ルートを北上することにしてはどうか、という。予定していたルートが危険な状態なら、メイン・ルート以外に選択肢はない。明日はピドモまで車で荷物を運び、そこにパリが待機させている馬たちに荷物を積んで、トレッキングに出発することにした。

「俺は、これからピドモに戻る。じゃ、明日の朝、また」

パリはぼそぼそとした口調でそう言うと、立ち上がって、居間を出て行った。ぶっきらぼうだが、自分の意見をきちんと伝えてくれる、信頼できそうな人だ。トレッキングで一緒に旅するには心強い。

日が暮れる前に、カメラを手に、村の中を少しぶらつく。朝からずっと空を覆っていた雲の隙間から、ほんの一瞬、こぼれるように射してきた茜色の光が、南の岩山に屹立する旧王宮を鮮やかに照らし出す。どんな精巧な舞台装置でも演出できない、荘厳な自然のページェントだった。

九月六日

昨日の夜は愉しかった。ザンラ・カルに住むカルザンと彼の家族たちと、野菜や羊肉を使ったおいしい夕飯をご一緒させてもらっただけでなく、自家製のアラク（蒸留酒）までごちそうになってしまった。ひさしぶりに飲んだアルコールのおかげか、よく眠れた。

チャパティと卵炒めの朝飯をいただいた後、荷物をまとめ、車に積む。昨日、パドゥムからザンラまで僕を乗せてくれた車が、今日もピドモまで乗せて行ってくれることになったのだ。カルザンたちに丁重にお礼を言って謝礼を渡し、出発。村を出て、橋を渡り、ピドモの村の入口で降ろしてもらう。

パリはすぐに見つかった。二頭の馬と一緒だ。事前の取り決めでは、一日ごとに馬三頭分の報酬を払うことにしていたのだが、それほど大きな金額ではないし、僕一人に必要な荷物を運ぶだけなので、報酬は三頭分のまま、連れて行くのは二頭にしよう、という話になっていた。

パリの知り合いが住む近くの民家で、軽めの昼飯をいただいて腹ごしらえをした後、馬たちに荷物と食糧を積む。家の陰から姿を現した三、四人の村の男の子たちが、近づいてきて、何か言いたげに僕を見る。

「チーソン（どうした）？」

「カラ・タン（甘いものちょうだい）」

「ミドゥク（ないよ）」

「カネ・イン（どこから来たの）？」

「ジャパンネ（日本からだよ）」

「カラ・タン」

「ミドゥク」

「カラ・タン」

「ミドゥク、デンバー（ほんとに）」

「カラ・タン！　カラ・タン！」

「ギャラ・ミドゥク（よくないね）。トゥグ・ソクポ（悪い子だね）」

男の子たちはちょっとびっくりした顔をして、こりゃダメだ、とあきらめて向こうに駆けていった。前にどこかの旅行者が、子供たちの気を惹くために、飴やチョコレートを配りまくったのだろう。一人でもう一度、ギャラ・ミドゥク、と呟く。

「さあ」パリが言う。「ぼちぼち行くか。先に歩いていってくれ。道は、わかるな？」

ピドモを離れ、北へと続く細い道を辿っていく。いい天気だ。さらりと乾いた、心地いい風が吹いている。少し右に離れたところを流れている、ザンスカール川。ぐにゃりと湾曲した地層の断面をのぞかせている岩山。青い空に、ぽこぽこと浮かぶ綿雲。懐かしくもあり、新鮮でもある、ザンスカールの風景。自分は、これを見たかったんだな、と思う。カメラを取り出し、ゆっくり歩きながら、少しずつシャッターを切っていく。

まずは足慣らしということで、今日の行程は短い。目的地のハナムルには、三時間もかからずに着いた。数軒の民家とキャンプサイトがあるだけの、小さな集落だ。パリの親戚が暮らしている家がこの村にあるというので、今夜はテントを張らず、そこに泊まらせてもらうことにした。

大きなアイベックスの頭骨が祀られている戸口をくぐり、暗く小さな居間兼台所へと通される。壁際に腰を下ろし、小さな窓から外の風景を眺めながら、コップに注がれたバター茶をすすっていると、急に、腰のあたりにむずがゆさを感じて、思わず飛び上がった。シャツの裾が少しだけめくれて、素肌が見えていたところを、きっちり一列、南京虫に喰われてしまっていた。やれやれ。

ヒマラヤでの旅はいつも、虫との果てしない戦いだ。どんなに用心していても、絶対に勝てない戦いなのだが。

九月七日

昨日の晩飯はチャパティとヨーグルト。今朝はその残りのチャパティとオムレツ。かなり質素なメニューだが、図々しく泊めてもらっている身なので、もちろんぜいたくは言えない。荷物をまとめ、七時半に出発。空はくっきりと晴れている。今日からアップダウンの多い行程が続くので、朝の涼しいうちに、できるだけ距離を稼いでおきたいところだ。

ザンスカール川沿いに続く細い道を、北へと歩いていく。やがて、道は川から少しずつ離れ、上り勾配になってきた。時々足を止め、呼吸を整えながら、周囲を見回す。くねりながら東へと流れていくザンスカール川は、巨人の手でねじ切られたような断崖と岩峰に挟まれている。人が寄り付くことさえ許されないような気配に満ちたこの険しい山中を、今、自分が歩いていること自体、とんでもなく現実離れしているように思える。

えんえんと続く坂道を三時間ほどかけて登り続け、最後の急登をえいやっと越えると、パルフィ・ラという峠の頂上に着いた。標高三千九百メートル。思っていたほど、きつくはなかったな……と、少し油断しながら北側の急斜面を下りはじめると、とたんに足にきた。太腿から膝にかけての筋肉が、ぎちぎちと軋むように痛い。ひさしぶりのザンスカールでのトレッキングに興奮して、知らず知らずのうちに、歩くペースが速くなりすぎていたのだろうか。少しずつ身体の向きを変えて、足の同じ部分に負担がかかりすぎないように、ごまかしながら下っていく。

パルフィ・ラを下りきると、きれいな渓流のそばに、茶店のテントとキャンプサイトがあった。茶店に入り、メギを注文。渓流の水質も問題なさそうなので、メギができるのを待つ間に、水筒に水を補給し、その場でもたっぷり飲む。冷たくておいしい。

今日は、もう少し先まで進まなければならない。ここから北にそびえるハヌマ・ラという峠までは、距離も高低差もかなりあるので、途中にある別のキャンプサイトまで上がっておく必要があるのだ。メギを食べ終え、再び歩き出す。

南に面した急斜面を、両膝に手をつくようにしながら登っていく。照りつける強烈な陽射しで、背中と肩と首が焼けるように熱い。頭がくらくらしてくる。歩くペースは、がくんと落ちた。両太腿の筋肉は、一歩踏み出すたびにぴくぴくとひきつり、けいれんを起こす寸前だ。油断していた。準備が足りなかったし、今日の前半のペースも速すぎた。やっぱり、ザンスカールは甘くない。

だましだまし、一歩ずつ、歯を食いしばりながら、ゆっくりと足を運び続ける。切り立った断崖の縁の細い小径をよろよろと辿っていくと、ようやく、今夜泊まる予定のキャンプサイトが見えてきた。先に進んでいたパリが、馬から荷物を下ろし、自分のテントを張る準備をしている。

「……ずいぶん遅れたな。大丈夫か？」

「まあね、何とか……」

「今日は暑いからな。あんたのテントを張って、中で少し寝るといい。ハナムルで羊の肉を分けてもらったから、夜は肉入りのトゥクパを作るよ」

「やった。ジュレジュレ」

ペグを打つのにしゃがみ込むのもきつかったが、どうにか自分のテントを張り、中にマットレスを敷き、ばたりと倒れ込む。自分の体力のなさ、甘っちょろさを痛感する。足の筋肉のストレッチとマッサージを、しっかりやっておかなければ。明日のハヌマ・ラ越えの行程は、今日よりさらにきついはずだ。

九月八日

五時半に起床、七時過ぎに出発。今朝も空はよく晴れている。今日はハヌマ・ラを越え、いったん下った後、リンシェの村まで行く。かなりの長丁場だ。一人で歩きはじめてすぐ、上方から流れてくる細い水流を飛び越えようとして、濡れた石に足を滑らせ、ものの見事に転んでしまった。幸いケガはなく、カメラバッグも無事だったが、左腰から太腿にかけて、びっちょり濡れてしまった。いったい、これまでに何度、ラダックでトレッキングをしてきたんだ。自分の迂闊《うかつ》さを呪いたくなる。

昨日は、前半のペースが速すぎて後半苦しむことになったので、今日はなるべく脚力を温存して、小さめの歩幅で歩くことにした。狭いV字型の谷間に続く、細い道を辿っていく。水流の上に、土砂をかぶった庇《ひさし》のような形で、雪が解け残っている。呼吸が苦しい。単調な上り勾配の地面を見つめながら、ゆっくり、ゆっくり、左右の足を運び続けて、約四時間。急に視界が開け、周囲にぐるりと群青色の空が広がった。ハヌマ・ラだ。標高、約四千七百メートル。峠の東側には、ザンスカール川が削り出した峡谷と、どこまでも果てしなく連なる険しい山々、その懐に抱かれて眠る赤子のようなリンシェの村が見渡せた。乾いた風にはためく、ぼろぼろにほつれて色褪せたタルチョ。小さな岩に腰を下ろして呼吸を整えながら、僕はふと、ここかな、と思った。

ここなら、父も、気に入ってくれるんじゃないかな。

僕はカメラバッグの奥から、一個のフィルムケースを取り出した。ケースの中には、日本から持ってきた父の遺灰が、ほんの少しだけ入っていた。

ケースを開いて、遺灰を手のひらにあけ、しばらく宙にかざした後、思いきり、放り投げる。小さな白いかけらたちは、あっという間に強い風に飛ばされ、蒼空に紛れて、見えなくなった。

「……ありがとうございました」

その言葉が、しぜんと口をついて出た。

僕みたいな出来の悪い息子を、辛抱強く育ててくれて、ありがとう。身勝手な生き方を許してくれて、ありがとう。たくさんの思い出を残してくれて、ありがとう。

再びカメラバッグを担ぎ、峠を下りはじめる。と、今までずっと、心の中で無理やりふたをしていた父との記憶が、次々に甦ってきた。

小学校の夏休みの宿題の工作や昆虫採集を、大人げない力の入れようで手伝ってくれた父。週末の夕方、家の前の路上で、くたくたの革の古いグローブをはめて、キャッチボールの相手をしてくれた父。大学を自主休学して旅に出ると電話で告げた時、「お前は、いつも勝手だな」と、寂しそうに呟いた父。母と一緒にツアーでラダックを訪れた時、レーのメイン・バザールや旧市街を案内して歩く僕の後ろで、カメラを手に、うれしそうにキョロキョロと周囲を見回していた父……。

デチェンに「あんたは今、勇気を持たなきゃならない」と言われてから、ずっと張りつめていたものが、ぷつん、と切れた。

父が逝って以来、初めて、僕は泣いた。ザンスカールの山の中で、一人、子供のように、泣きじゃくった。

四年ぶりに訪れたリンシェの村は、冬に備えて、家畜たちの飼葉にする草を刈る作業の真っ最中だった。

少し先行していたパリが、村の中にあるキャンプサイトで、荷物をほどいていた。そこで自分のテントを張るのもそこそこに、僕はカメラを首にぶら下げ、草刈りの様子を見に行くことにした。

ゆるやかな斜面に沿って作られた段々畑の合間に、ぽつんぽつんと建っている、古めかしい民家。麦の収穫は、この村では八割方終わっているようだ。そこかしこで村人たちが地面に座り込んで、三日月型の鎌で草を刈っている。

「ジュレー！　バーラン・サ（牛の飼葉）？」

「オーレ（そうよ）！」

「オブギャル・スキョットレ（お疲れさま）！」

そんな風に挨拶をして言葉を交わしながら、彼らの草刈りの様子を、写真に撮らせてもらう。頬かむりをしたまま、はにかんで微笑む若い女の子。身体より二回りも大きな草の束を、器用に担いで運んでいる男の子。いざレンズを向けられると、急に照れて口に手を当て、真っ赤になってしまったおばさん。

「……おい、あんた！　四年前にも、この村に来たよな？」

紫色の上着に、頭にサングラスを載せた若い男が、草を刈る手を止めて、僕に声をかけてきた。

「えっ、憶えてるの？　僕を？」

「ああ。あんた、撮った写真を、村に送ってくれただろ？」

「確かに、レーの街で、この村のお坊さんに写真を預けたけど……」

「だから、憶えてたんだよ。あんたの前にも、この村に何度も来ていたジャパンパ（日本人）の写真家がいた。あの頃、俺はまだ小さかったけど、今でもみんな憶えてる。確か、ヤスという名前だった」

「ヤスジ・ショウジ（庄司康治）さんだよね。僕も知ってる。尊敬している先輩なんだ」

「そうなのか！　よし、今の俺も、撮ってくれるか？」

「もちろん！」

うまく言葉にできないけれど、僕は、何て恵まれているんだろう、と思う。この土地で出会った人たち、一人ひとりに、ジュー・バクシェース（本当にありがとう）、と言いたくなった。

九月九日

昨日の夜は、日が暮れた頃から二時間ほど、雷雨になった。雨量はそれほどでもなかったが、雷がかなり激しくて、雷鳴の轟きとともにビカッと稲妻が閃くたび、テントの中はランタンをつけたように明るくなった。いざとなれば近くの民家に逃げ込ませてもらえばいい、と頭の中ではわかっていたものの、僕は、とにかく早く止んでくれ、と祈りながら、寝袋の中で身体を縮こまらせていた。

今朝も早めに出発。雲は少し多いが、天候はまずまず。リンシェの村から東側に抜け、ネトゥケ・ラという峠に向かって歩いていく。地面はすっかりぱさぱさに乾いていて、雨の痕跡はどこにもない。地表を点々と覆う丸っこい草の塊は、秋めいた橙色に変わりはじめていて、乾いた荒野に鮮やかなグラデーションを添えている。

ネトゥケ・ラは、リンシェとの標高差はそれほどないので、割とすんなり越えることができた。そこから川の流れているところまで一気に下り、スキュンパタとゴンマという二つの小さな集落の間を抜けて、次の峠、キュパ・ラに取り付く。かなりの急斜面だ。

つづら折りの埃っぽい道を、時々立ち止まって呼吸を整えながら、ゆっくり登っていく。きついのはきついが、昨日のハヌマ・ラほどではないし、足の筋肉もだいぶ慣れてきているから、いくらか余裕はある。峠の頂上に着いたとたん、波打つ白いカーテンのような霧雨が降ってきて、あっという間に通り過ぎていった。

キュパ・ラからやや平坦な道を少し歩いていくと、茶店のテントがぽつんとあった。四年前に初めてトレッキングでラダックからザンスカールを目指した時、一晩泊めてもらった茶店だと思う。パリと馬たちが追いつくのを待って、茶店に入り、メギを二人分注文する。こういう茶店は、夏の間だけ、近くの村の人間によって営まれていて、彼らにとって貴重な現金収入源になっている。

「パリ、今日はどこでテントを張ろうか？　それとも、ここに泊まる？」

「もう少し先まで行こう。センゲ・ラの南側に、ベースキャンプがある。センゲ・ラは大きな峠だし、明日行くフォトクサルまでは、かなり遠いしな」

「そうか。だったら、そうしよう」

「あのベースキャンプは、あまり好きじゃないんだがな……」

「どうして？」

「馬たちに食わせられる草が、生えてない。往復で一時間かけて、取ってこなきゃならないのさ」

パリがあまり好きではないというセンゲ・ラのベースキャンプは、峠の南麓の斜面に、まるで踊り場のようにぽつんとある、平坦な空き地だった。峠から吹き下りてくる風が、氷のように冷たい。雲間から射してきた夕刻の光が、ベースキャンプの周囲を取り囲む、獣の牙のような岩峰を照らし出す。まるで、鬼の棲家か何かのようだな、と思った。

風に、ちらちらと白い雪が混じりはじめた。寒い。上着の下にもう一枚、フリースを着込んでおこう。

九月十日

寒い夜だったが、どうにか眠れた。早朝、チャイとチャパティ、即席スープの朝飯もそこそこに、荷物をまとめ、出発。ベースキャンプから急斜面を登って、センゲ・ラの頂上を目指す。

歩きはじめてすぐに、直径数ミリほどの霰《あられ》が降ってきた。バラバラバラバラバラ、と顔や首筋に当たって弾ける。痛い痛い痛い。あわてて防水素材のパーカのフードをかぶる。パーカの布地越しに、肩や腕にまで衝撃が伝わってくる。何てこった。

しばらくすると霰は止み、雲間から、朝の光が射してきた。ふりかえって南を見ると、斜面のはるか下の方に、ザンスカール川の峡谷と、ニェラクという村の姿が見える。あの村まではかなり距離があるはずだが、空気が極端に乾燥して澄んでいるからか、遠くまではっきりと見通せる。

すり鉢状に湾曲した斜面を、時々立ち止まって呼吸を整えながら、ジグザグに登り続ける。太陽がすっかり昇った頃、センゲ・ラの頂上に到着。標高、約五千メートル。明らかに酸素が薄く感じる。石塚に結わえつけられたタルチョが、強い風にちぎり飛ばされそうになりながら、はためいている。

遠くから唐突に、ブーン、グオーン、という音が響いてきた。峠から少し北のところに、ショベルカーとブルドーザーが一台ずつ停まっているのが見える。あの重機のエンジンを始動させた音だったのだろう。北の方から進められているという車道の工事は、このセンゲ・ラの直下まで伸びてきていたのだ。四年前にここに来た時は、はるか北にあるフォトクサルの村にすら、道路は通じていなかった。そのうち、ここからリンシェ、その先のザンスカールの中心部まで、車道がつながってしまうのかもしれない。

「これからどうなるのかな、ザンスカールのトレッキングは……」

馬たちとともに追いついてきたパリに僕がそう言うと、彼は軽く肩をすくめ、

「ツァッル（終わる）」とだけ言った。

道路がつながれば、この山奥で暮らす人々の生活は便利になる。移動は車で楽になるし、物資も手に入れやすくなる。急病人が出てもすぐ病院に連れて行ける。それは、とてもよくわかるのだが……。あまりにも急激な変化が、これまでこの土地で保たれてきた自然と人との繊細なバランスを、崩してしまわなければいいのだが。

センゲ・ラの北の斜面を下り、北へと向かう。未舗装の車道を辿るとかなり遠回りになってしまうので、これまで使われてきた古い小径を歩く。この一帯、遠目には平坦に見えるのだが、実際は細かく波打つような丘がえんえんと連なっていて、小刻みに上り下りをくりかえしながら進まなければならない。体力的にも地味にきつい、厄介な行程だ。今日は雲が増えて陽射しが和らいでいて、そこまで暑くないのは幸いだった。

地面に張り付くような草がまだらに生えている丘のあちこちで、時折、マーモットがひょこっと姿を現す。すっくと立ち上がって周囲を見回したり、むちむちの身体で巣穴の周りをよたよた歩き回ったり。すごい数だ。うじゃうじゃと言ってもいいくらい、そこら中にいる。昔のゲームセンターで見かけた、モグラ叩きのゲームを思い出してしまう。

上って、下って、歩き続けて、約六時間。ブミクツェ・ラというやや低めの峠を越えると、今日の目的地、フォトクサルの村がようやく見えてきた。東西に流れる川の北岸の崖っぷちに、古い民家が寄り集まっている。川沿いの斜面には、黄金色に色づいた麦畑が広がっている。このあたりはリンシェより標高が少し高いので、麦の収穫の時期も遅めなのだろう。

キャンプサイトで馬から荷物を下ろし、テントを張る。今回のトレッキングでは、とりあえずこのフォトクサルまで来てから、レー方面に行く車が見つかればそれに乗せてもらい、見つからなければ、もう一日かけてハヌパタの村まで歩いて、そこで車を探すか、定期運行のミニバスに乗るつもりでいた。

「あるかな？　ガリ（車）」

「さっき、村の者に訊いてみた」とパリ。「たぶん来るだろう、と」

いかにも、この土地の人らしい回答だな、と思う。来なかったら来なかったで、しょうがない。なるようにしかならない。

しばらくすると、村のはるか西、シルシル・ラという峠の方から、黒い点のように見える車が、土煙を立てながら近づいてきた。明日から、僕とは逆向きにザンスカールまでトレッキングをするという、欧米人のグループを乗せた車だった。

「ジュレー！」運転手に声をかけてみる。「この車、レーに戻る？」

「ああ。すぐに引き返すぞ！」

「ええ？　ちょ、ちょっと待ってて！」

あわてて自分のテントをバラして畳み、荷物をまとめようとあたふたしていると、

「にーちゃん、すまねえ。タイヤがパンクしてた！　これから付け替えるんだが、時間がかかりそうだから、レーに引き返すのは、明日にするよ！」

思わぬ二転三転に、ずっこけそうになる。でも、とりあえず、レーまでの移

動手段は確保できたので、ほっとした。

僕の右往左往ぶりを眺めながら馬たちの世話をしていたパリは、出発が明日になったとわかると、木箱から残りの野菜を取り出して、晩飯の支度を始めた。

「明日、あんたを見送ってから、俺は馬たちとザンスカールに戻るよ。今年のトレッキングのシーズンも、そろそろ終わりだしな」

少し離れたところでは、さっき到着したばかりの欧米人のグループが、彼らのテントのそばで、うきうきとおしゃべりしながら盛り上がっている。彼らのトレッキングはこれからだが、僕のトレッキングは、ここで終わりだ。

いつかまた、ザンスカールを、歩いて旅する時は来るのだろうか。

夕刻の光に照らされた、ザンラの旧王宮

鬼の棲家を思わせる、センゲ・ラのベースキャンプからの風景

鎌で草を刈るリンシェの村人

幻の道

Chadar

冬になると、ラダックと外界との間をつなぐ道路は、峠が雪で塞がってしまって、行き来できなくなる。具体的には、カシミール地方のスリナガルとの間にあるゾジ・ラという峠と、レー・マナリ・ハイウェイの途中にあるバララチャ・ラ、ラチュルン・ラ、タグラン・ラという三つの峠が、積雪で通れなくなってしまう。

冬の間は、人の行き来も物資の流通も、デリーなどからの飛行機だけが頼りになる。とはいえ、空路だけで運べる物資の量は知れているし、輸送のコストも高い。おまけに冬は、デリーの濃霧とレーの悪天候などによって、飛行機がしょっちゅう欠航になる。人々は、夏の間に丹念に蓄えておいた食糧と燃料で、長く厳しい冬をひっそりと過ごしながら、春が訪れるのを待つ。

ザンスカールの冬は、さらに大変だ。ラダックや外界との間をつなぐ道はすべて、深い雪に閉ざされる。もちろん、レーにあるような空港はない。地元の人々を運ぶためのヘリコプターが、レーとの間をたまに行き来することはあるが、それ以外の交通手段は、すべて使えなくなってしまう。

だが、冬のもっとも寒い時期になると、ラダックとザンスカールとの間には、「幻の道」が現れる。

ザンスカールからラダックへと流れ、ニンムという村の近くでインダス川に合流する、ザンスカール川。一月上旬から二月下旬頃までの間、この川は、あまりの寒さに凍結し、その上を歩いて行き来できるほどになる。凍結した川の上に現れるこの幻の道を、ザンスカールの人々は「チャダル」と呼ぶ。はるか遠い昔から伝わる、古《いにしえ》の旅路だ。

僕は、今までに二度、チャダルを辿って、冬のザンスカールを旅したことがある。この種の冬季トレッキングに必要な技術も経験も何も持ち合わせていない僕が、チャダルの旅をやり遂げることができたのは、友人のザンスカール人ガイド、パドマ・ドルジェのおかげだった。

パドマとは、僕が初めて夏のザンスカールをトレッキングで旅していた時、偶然知り合った。別のグループのガイドをしていた彼が、僕とホースマンのいるテントをのぞきに来て、しばらくおしゃべりしているうちに、「チャダルは取材しに行かないのか？　行くなら手伝うけど」と言われたのだ。

当時、外部からの旅行者が、旅行会社を通じてチャダル・トレックを手配すると、夏のトレッキングの何倍もの莫大な費用がかかった。僕自身、当時はそんなお金の持ち合わせはなかったので、チャダルに興味はありつつも、挑戦するのは半ばあきらめていた。パドマは僕に、旅行会社を介さず、彼の知り合いのザンスカール人二人をポーター（荷物の運搬役）に雇うだけの最小限のチームでチャダルに行こう、と提案してくれた。彼のおかげで、旅行会社に依頼する場合の二割程度という破格の金額で、僕はチャダルを取材することができたのだった。

初めてチャダルを見た時に感じたのは、川沿いにしつらえられた、白い遊歩道みたいだな、という印象だった。時期にもよるが、川の全面が凍っている場所は、実はそれほど多くない。川べりに連なっているわずかな幅の氷の上を歩くことがほとんどだ。白い氷のすぐ脇には、青黒い水が、ごぼごぼと渦を巻きながら流れている。

おそるおそる氷の上に降り立って、おっかなびっくり、へっぴり腰で歩く僕を見て、パドマは笑いながら、チャダルの歩き方を教えてくれた。身体の重心をやや低く保ち、足はあまり持ち上げないように、小さな歩幅で、すり足気味に動かす。両手はなるべく自由にして身体のバランスを取り、うっかりして転んだ時にも受け身を取れるようにする。周囲を見回したり、写真を撮ったりする時は、必ず立ち止まって、身体を安定させてからにする。先を行く人間が歩いたところを踏み外さないように注意して、氷の状態に不安を感じたら、互いに声をかけ合って確認する。

次第に慣れてくると、チャダルを歩くのは、この土地を真冬に徒歩で旅する方法として、とても理にかなっていることがわかった。ある程度雪の積もっている氷の上は、平坦で歩きやすく、足元もそれほど滑らない。重めの荷物は背負わなくても、手製のソリに積めば、楽に運べる。この旅の方法を発明した昔のザンスカールの人々の知恵と胆力は、すごいと思う。

もちろん、油断していると足を滑らせて転んで、打ちどころが悪いとケガをしてしまうこともある。氷が突然割れて、川にはまってしまうこともある。幅数十センチほどの氷の上に岩がせり出している場所を腹這いになって抜けたり、氷が途切れている場所でズボンを脱いで水の中を歩いたり、渡渉もできない場所では目も眩むような高さの断崖をよじ登って迂回したりすることもある。防寒装備が不十分だったために凍傷で指を失くした人や、川に転落して行方不明になってしまった人、雪崩に巻き込まれて亡くなった人の話も聞いたことがある。常に命がけとまでは言わないが、それなりにリスクのある旅なのは間違いない。土地勘と経験のある人間が一緒でなければ、絶対にできない旅だ。

そんな過酷な旅路であっても、チャダルは、ザンスカールの人々にとって欠かすことのできない、冬の生活の道であり続けてきた。冬休みにレーにある寄宿学校から帰省する子供たちですら、大人に連れられて、チャダルを歩いて行き来しているのだから。

行程の途中に村は一つしかないので、チャダルを旅する人々は、川沿いのところどころにある洞窟に泊まって、薪を集めて火を熾し、マイナス二十度以下にもなる極寒の夜をしのぐ。どこにどのくらいの大きさの洞窟があるのか。その洞窟の近くで薪が手に入る所はどこか。彼らは、隅から隅までチャダルを知り尽くしている。それは、彼らが祖先から代々受け継いできた知恵と経験、そして勇気によるものだ。彼らは自分たちのことを、誇りを込めて、チャダルパ（チャダルの男）と呼んでいる。

ザンスカールの人々が代々受け継いできたチャダルの伝統は、急速に失われつつある。パドマ・ドルジェとともに十一年ぶりに旅した二度目の冬のザンスカールで、僕はその兆候を、間近でひしひしと感じた。

地球温暖化の影響で、ザンスカール川が冬に凍結する期間は、年々短くなっている。シーズンの終盤で氷が不安定な時期に、チャダルの途中で進むことも戻ることもできなくなったグループが、ヘリコプターで救助されたという話もよく聞く。チャダルを歩いて行き来できるのは、一年のうちに二カ月足らずの期間になってしまった。

ラダック側とザンスカール側の両方から、ザンスカール川に沿って車道を延伸する工事も進められている。今、ザンスカール川沿いで道路がまだない区間は、現地の人ならチャダルを歩いて二日で移動できるほどの距離しか残っていない。開通すれば、ラダックとザンスカールを最短距離で結ぶ道路になる。ほかの峠道と違って、ザンスカール川沿いの標高は三千五百メートル程度なので、冬の間も車で移動できるようになるだろう。

「チャダル・ロード」とも呼ばれているこの道路が開通したら、ザンスカールの人々の生活は、がらりと変わってしまうだろう。冬の間も、人々は車やバスで、ラダックとの間を行き来するようになるはずだ。その方が、安全で速く、楽だから。わざわざチャダルを歩くのは、氷の川を往く旅に憧れて外部からやってきた、冒険好きのトレッカーだけになる。トレッカーたちの荷物や食糧は、道路を走る車によって運ばれるだろう。本当の意味でのチャダルの旅は、近いうちに消え去る運命にあるのかもしれない。

道路の開通によって、地元の人々の移動が便利になるのは、悪いことではない。急病人が出た時の搬送など、山奥に暮らす人々にとっては助かる面も多いと思う。誰にだって、便利な生活を享受する権利はある。が、しかし……。

あまりにも急激な変化の波は、ザンスカールでこれまで長い間保たれてきた社会の仕組みを、崩してしまいかねない。一度失ってしまったら取り戻しようのない伝統が、この土地にはまだ、たくさん残されている。

何百年も受け継がれてきたチャダルの伝統が、道路の開通によってあっさり失われてしまうとしたら、それは、とても寂しいことだ。あの冬の旅路を、ほんのわずかながら体験させてもらった身としては、なおさら。何か、良い方法はないものか、と思う。

チャダルを歩くパドマ・ドルジェ

スピティ

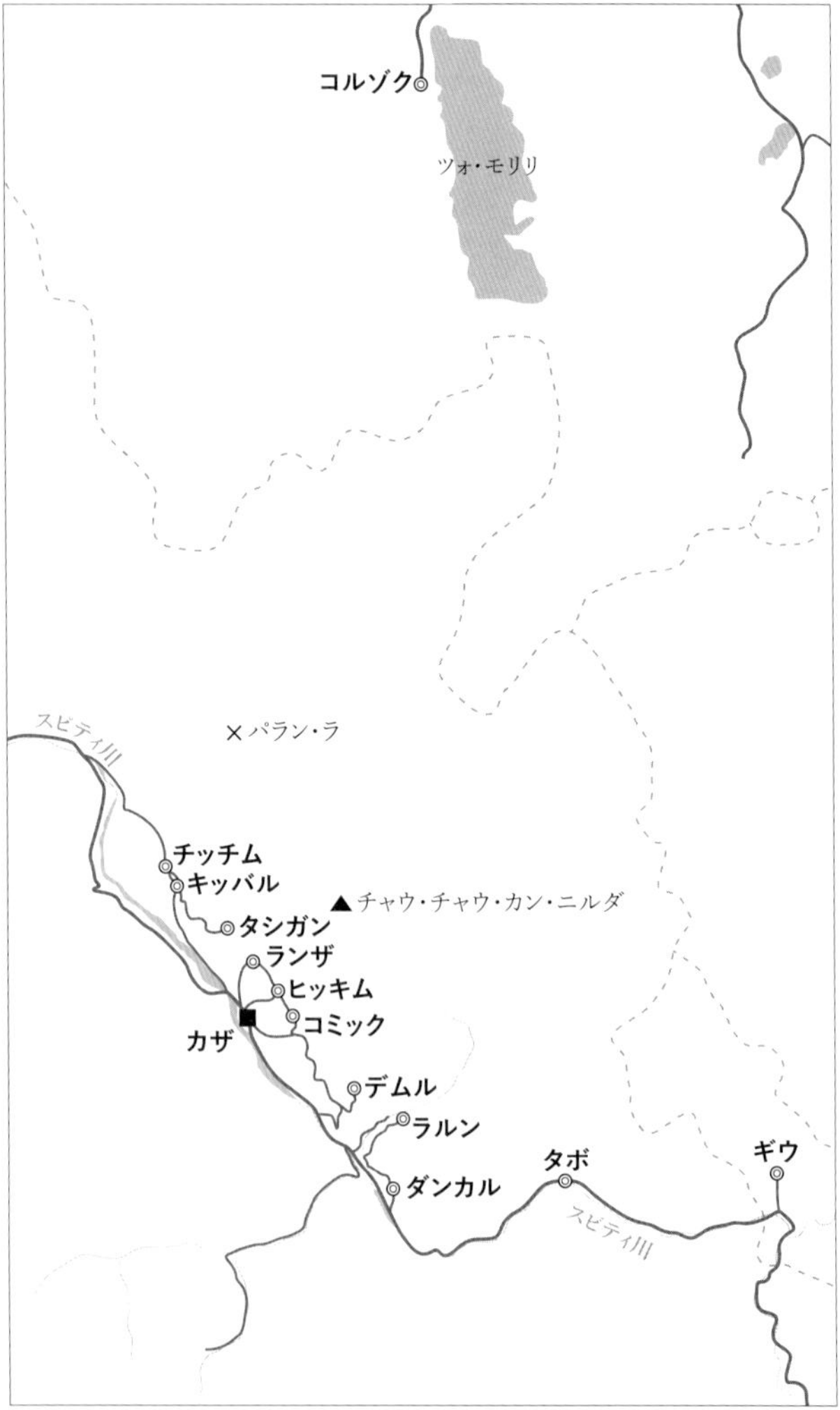

コルゾク
ツォ・モリリ
スピティ川
×パラン・ラ
チッチム
キッバル
チャウ・チャウ・カン・ニルダ
タシガン
ランザ
ヒッキム
コミック
カザ
デムル
ラルン
ダンカル
タボ
ギウ
スピティ川

友達はお調子者

Kaza

ラダックの南に接するヒマーチャル・プラデーシュ州の東部に、スピティと呼ばれる場所がある。

スピティの地理と気候の特徴は、ラダックにとてもよく似ている。一帯の平均標高は三千五百メートルを超え、年間の降水量もごくわずか。外界との間をつなぐ道路は二本しかなく、そのうち一本は冬の間もかろうじて通行可能だが、雪崩などでしょっちゅう通行止めになってしまう。ラダックに負けず劣らずの辺境の地だ。

チベットとラダックの間にある「狭間の土地」という意味の名を持つスピティには、チベット系民族のスピティ人が暮らしている。チベット語の方言のスピティ語を話し、古くからチベット仏教を信仰する彼らの暮らしと伝統文化は、ラダックと似ている部分がたくさんある。ラダックのように、各地の村々の多くに僧院があるのも同じだ。

スピティの中心地カザは、ラダックのレーに比べるとはるかに小さな町だ。商店がわずかに建ち並ぶ目抜き通りは、十五分もあれば歩いて往復できてしまう。その目抜き通りの一角で、旅行会社を経営しているスピティ人の知り合いがいる。

ララという名の彼と出会ったのは、僕が初めてスピティを訪れた時。カザで安宿を探していて、とある宿のロビーに入ったところ、そこでソファに座ってチャイを飲んでいたのが、ララだった。細い目とちょびひげ、小柄でぱつんぱつんにはちきれそうな体格。彼は僕にその宿の部屋を案内してくれた後、建物の最上階にある彼の旅行会社のオフィスで、この土地についてはまだ右も左もわからなかった僕に、いろいろなことを教えてくれた。その年の滞在中、ララは、ランザという村にある彼の実家に、僕を招待さえしてくれた。金回りのいい客でもなかった僕に、なぜそこまでしてくれたのかはわからない。何となく気が合ったから、という以上の理由はなかったのかもしれない。

その後も、スピティを訪れるたびにララと会っていて、わかってきたのは、彼はこの土地では群を抜いて人脈が広く、至るところに知り合いがいるということだった。どこそこに行きたいと相談すると、そこまでの交通手段や現地で泊めてもらえる彼の知り合いの家などを、たちどころに教えてくれる。一緒にカザの町を歩いていても、十メートルおきくらいに彼の知り合いが握手を求めてくる。インドの若手人気女優、アーリヤー・バットが主演する映画の撮影がスピティで行われた時には、撮影に必要なもろもろの現地手配をララの旅行会社が担当した、という話も聞いた。

顔が広くて、行動力があり、仕事もできる。ララはいつも陽気で、いつもやたらに調子がいい。調子がよすぎて、たまに、ぽそっと、へまをやらかすこともある。

ある年の夏、僕は日本のテレビ局から依頼を受け、スピティでのテレビ番組の撮影のコーディネートを担当することになった。

僕はララと連絡を取りながら、現地で撮影スタッフが利用する宿や車を手配したり、普段は撮影が禁止されている僧院の内部の撮影許可を取ったりと、裏方としてあれこれの手配に動き回った。現地での撮影には、僕も日本から同行することになった。

約二週間に及んだ撮影は、ただでさえ超過密なスケジュールだった上、行く先々で想定外のトラブルが起こって、苦労の連続だった。スピティへの到着時には、スタッフの一人が高山病を発症してしまい、僕は病院への搬送に付き添って、そのスタッフへの酸素吸入措置を医師にお願いすることになった。別の日には、タボという村へ移動する途中、道路が土砂崩れで通行不能になってしまい、すべての機材を全員で手分けして担ぎ、道路を塞ぐ土砂の山を歩いて乗り越え、反対側にいた地元の人の小型トラックをヒッチハイクして目的地に向かわなければならなかった。

一つの現場で何通りものパターンを押さえながら行われる撮影は、毎日、早朝から、日によっては夜更けまで続き、僕たちは一日に三時間眠れればいい方だった。そんなぎりぎりの綱渡りのような撮影を、どうにかやりくりできたのは、ララと彼の旅行会社のスタッフのおかげだった。

撮影期間中は、ララ自身も、スピティ人のガイドとして、何度か撮影されることになった。いつもは調子のいいララも、大きなカメラを向けられるとさすがに緊張するのか、もごもごと口ごもって、何度かNGを出した。それでもだんだん慣れてきて、口が回るようになると、やっぱり調子に乗ってしまうのが彼だ。

「……おい、タカ！　お前もこっちに来て、一緒に映れよ！　ほら！」

完全に裏方であるはずの僕の名前を呼んでしまって、それまでララが調子よく撮られていた分は、またすっかりNGになってしまった。きょとんとしているララを横目に、僕はスタッフに、ぺこぺこ謝らなければならなかった。


ハプニングと苦労の連続だったテレビ番組の撮影も、どうにか予定をほぼ消化し、翌日にはスピティから車でマナリに戻ることになった。スピティでの最後の夜は、どこか気持のいい場所で、満天の星空を眺めながらキャンプファイヤーでもしよう、というリクエストを、僕は撮影スタッフから受けた。それを伝え聞いたララは、ニタリと笑って言った。

「いい場所がある。今年、カザの町外れにできたばかりの、キャンプリゾートだ。今、連絡するから、任しとけ！」

夕方までかかった最終日の撮影を終えた僕たちは、車に分乗して、すっかり暗くなった中を、カザの町の北外れへと向かった。そこには、スピティ川の岸辺の平地に、大小いくつかのテントが張られていた。明かりは一つもついていない。人影も見えない。と思ったら、僕たちのすぐ後から来た車から、数人の男たちがぞろぞろと降りてきて、テントを出入りしたり、発電機のスイッチを入れたりしはじめた。僕たちが来るまで、客は誰も泊まっていなかったようだ。

そんな感じであたふたと宿の準備が始まったので、僕たちは、ウェルカム・チャイにありつくまで一時間近く待たなければならなかったし、晩飯ができあがるまでは、さらに一時間くらい待たなければならなかった。撮影スタッフも僕も、悲しくなるほど腹が空いていたが、もう少し待てば温かい食べ物を口にできる、と、キャンプファイヤーと呼ぶにはいささかこぢんまりとした焚き火を囲みながら待っていた。

やがて、ようやく、待ちに待った食事が運ばれてきた。圧力鍋で炊いた米飯と、サグと呼ばれる緑色のカレー。皿によそってもらって、さっそくぱくつく。

「……？　これ……何？」

「変な味……というか、甘い……？」

みんなの怪訝《けげん》な表情を見て、鍋にあったカレーを味見したララは、うえっ、と顔をしかめ、あわててキッチンテントに走っていった。薄暗がりで焦ってカレーの支度をしたこの宿のコックは、塩の代わりに、たっぷり砂糖を入れてしまっていたのだった。

取材最終日の夜にして、食べられるものは砂糖入りのカレーしかないという、絶望的な状況。撮影スタッフの一人の荷物の中に、日本製のアルファ米のおこわが数袋残っていたのは、本当に幸いだった。あの時に分けてもらったおこわほど、ありがたく感じられた食べ物はない。

ハプニングは、さらに翌朝も続いた。早朝に車で出発する予定だったのだが、僕たちが乗る予定の車が、予定を一時間過ぎても来ない。

「どうしちゃったんでしょうねえ」

「ララも来ないし……」

「……あっちの方で、何か動いてるようですけど、あれかな？」

ほかの撮影スタッフと一緒に歩いていってみると、スピティ川の中洲と中洲の間で、一台の車が、タイヤが見えなくなるほどの深みにはまって、動けなくなっていた。僕たちが分乗する予定だった車の一台だ。中洲を横切って近道をしようとして、うっかり深みにはまってしまったらしい。エンジンをふかすたび、後輪のタイヤが水しぶきを上げて空転し続けている。

ララは、靴とズボンを脱いでTシャツとブリーフだけになり、立ち往生している車のボンネットに上がって、岸辺にいる別の車との間を、ロープでつなごうとしていた。冷たい水しぶきにびしょ濡れになって、顔を真っ赤にしながら、岸辺の車の運転手に大声で指示を出しているその姿に、僕は、ありがたいような、申し訳ないような、でも思わず吹き出してしまいたくもなるような、何とも妙な気分になった。

調子がよすぎて、たまに、いや、しょっちゅうへまもやらかすけれど、それでもララは、いいやつだ。


僕が日本にいる時も、ララからは時々、メールが来る。ほとんどがたわいない内容で、ノートパソコンやカメラの日本での値段を訊いてきたり、次はいつスピティに来るんだ、と誘ってきたり。

「タカ、次は、冬にスピティに来いよ！　冬はいいぞ。ランザの俺の家に来たら、何日でも、ただで泊めてやる。うちの村の近所には、冬になると、ユキヒョウがたくさん来る。

お前のカメラなら、めちゃくちゃいい写真が撮れるぞ！」

さんざん大変な思いをして冬のスピティに行ったとしても、たぶん、来る日も来る日も「ユキヒョウなんて、一頭も出てこないじゃん！　どこにいるんだよ！」とぼやきながら、ララと彼の家族とストーブを囲んで、チャンを飲み交わして過ごすだけになりそうな気がする。でも、そんな旅も、たまには悪くないのかもしれない。

スピティを歩く

Spiti Trek

七月二十七日

昨日のうちに買っておいたパンを、朝、宿の部屋で食べる。ビニール袋でしっかりくるんで密封しておいたおかげか、少し固くなっているだけで、まだちゃんとおいしい。スピティのこの乾燥した気候では、うっかり放置しておくと、パンは一晩で干からびて、ぼそぼそのパン屑になってしまう。

九時少し前、ララが手配してくれていたガイドの若者が、部屋まで迎えに来てくれた。タンジンという名で、小柄で締まった体格、面長で柔和な顔つき。おっとりとした丁寧な口調で、きれいな英語を話す。スピティのデムルという村の出身で、普段はヒマーチャル・プラデーシュ州のクルという街にある大学で学んでいるが、今は夏休みで帰省しているのだという。

「タンジン、か。ラダック語では、スタンジン、だよね。チベット語だとテンジンか」

「ラダック語、わかるの？」

「ちょっとだけ。スピティ語は全然わからないけど。君は、ラダック語はわかるの？」

「自分からは話せないけど、何を言ってるのかは、聞けばだいたいわかるよ」

宿のすぐ前にあるタクシースタンドの駐車場で、僕たちを乗せてくれる車が待っていた。荷物を積み込み、すぐに出発。カザの町を離れ、北に向かう。

今日からしばらくの間、スピティの村々を巡るトレッキングに出かける。スピティ川の渓谷の北側に連なる、標高四千メートルほどの高地にあるいくつかの村を、一カ所につき一泊ずつさせてもらいながら渡り歩いていくという計画だ。宿泊と食事は行く先々の村のホームステイ先で世話してもらえるので、食糧や装備は特に必要ない。一日に歩かなければならない距離も、さほど長くない。標高の高さにさえ気をつけていれば、割と気楽に楽しめるトレッキングになるはずだ。

車は、高低差五百メートルほどの山道を一気に駆け上がり、一時間ほどで、ランザの村に着いた。今日はこの村でゆっくり過ごして、身体を標高に慣らし、明日の朝から、村巡りのトレッキングを始めることになる。

タンジンが案内してくれた今夜のホームステイ先は、村の集落の北寄りにある大きな家で、歯のほとんどない老婆と、小さな女の子が二人いた。家の主はガイドの仕事で出払っていて、奥さんは昼の間、畑仕事に出ているらしい。昼飯にターメリックライスとバター茶をいただき、少し休んでから、タンジンと二人で、村の中を散歩しに出かける。

畑の畦道に、青紫のきれいな花々が咲いている。青々とした大麦の穂が、風が吹くたびに、ゆるやかに波打つ。標高四千メートルを超えている場所とは思えないほど、みずみずしい風景だ。屋根に干し草を積んだ、古めかしい民家の建ち並ぶ集落の背後には、真っ白な万年雪を戴いた、鋭く尖った高山がそびえている。たぶん、標高は六千メートル以上はあるだろう。

「タンジン、あれ、何ていう名の山？」

「チャウ・チャウ・カン・ニルダ」

「チャウ・チャウ……？　長い名前だね」

「あれは、結構有名な山なんだよ」

「へえー」

どうということのないやりとりでも、タンジンとだと、妙にしっくりくるというか、気が合うように感じる。明日からの彼とのトレッキングが、楽しみになってきた。

七月二十八日

六時前に目が覚めた。窓の外から、きれいな朝の光が射し込んでいる。カメラを首にぶら下げ、一人で外に出る。白く透明な陽射しに満たされた空に、チャウ・チャウ・カン・ニルダが、幻のようにふわりと浮かんで見える。家々の屋根の穴からゆるゆると立ち昇る、朝餉《あさげ》の支度の煙。何という、美しい朝なのだろう。

チャパティとオムレツをいただき、八時半に出発。ランザを離れ、南東へと向かう。峠とも言えないほど高低差のほとんどない峠を越え、平坦な道を歩いていく。周囲に樹木はまったくないが、山の斜面はごくうっすらと、緑の草に覆われている。

数人の欧米人のグループが歩いているのを追い越し、しばらく進んでいくと、道の右側、すり鉢状になっている谷間に、別の村が見えてきた。

「ヒッキムという村」タンジンが言う。「あそこには、郵便局があるんだ」

「へえ。あんな小さな村なのに」

「世界で一番標高の高いところにある郵便局、なんだって」

「……ほんとに？」

「さあ」

さらに南東へと歩いていくと、やがて前方に、低い構えの大きな建物の影が見えてきた。サキャ派の僧院、コミック・ゴンパだ。今日の僕たちの目的地、コミックの村は、僧院の右手にあった。南に面した斜面に、七、八軒ほどの民家が散らばっていて、下の方にはささやかな段々畑がある。今回のトレッキングの行程の中では、この村の標高が一番高く、約四千三百メートルにも達する。

村に着くと、タンジンは集落の上の方にある一軒の家に、「ジュレー！」と呼ばわりながら、すたすたと入っていった。戸口に鍵はかかっていない。

「誰もいないや。畑仕事に出てるんだろうな」

「どうする？」

「よし。おひるに、スキウ（小麦粉を練った団子を煮込んだ料理）を作るよ」

「いいの？　勝手に料理とかしても」

「ここは、僕の親戚の家だから。家の人たちの分も作るし」

タンジンは、慣れた手つきで小麦粉をこね上げ、台所にあった野菜を切り、圧力鍋で手早く煮込んで、あっという間にスキウを作ってくれた。ラダックでもザンスカールでも、ここスピティでもそうだが、日々の生活に必要なあれこれの手際のよさは、男も女も関係なく、本当にすごい。タンジンお手製のスキウも、とてもおいしかった。

食後に台所でチャイを飲んでいると、「ヒマだね」とタンジンが言った。

「まあ、今日の行程は短かったし」

「ここからまっすぐ南に歩いていくと、崖の下にカザの町が見えるんだ」

「ほんと？」

「行ってみる？」

「行こうか。ヒマだし」

カメラバッグだけを持って家を出て、タンジンの後について、村から南へと歩いていく。ゆるやかに上ったり下ったり、一時間ほど歩き続けると、ブツッと断ち落とされたかのような崖っぷちに出た。吹き上げてくる風に肝を冷やしながら、おそるおそる身を乗り出して、下を見る。ほぼ真下に、寄り集まった建物が見える。カザの町だ。ここからの高低差は、七、八百メートルはあるだろう。

「こんな位置関係なのか。カザと、コミックは」

「近いでしょ？　意外と」

「距離はね。高低差はとんでもないけど……」

崖っぷちからのカザとスピティ渓谷の眺めをしばらく堪能した後、来た道をのんびり歩いて戻る。誰もいない荒野かと思いきや、コミックの村人らしき女性の姿を、ぽつぽつと見かける。みな頬かむりをして、背中に籠を背負い、何かを摘み集めているようだ。出会った一人に籠の中身を見せてもらうと、薄紫色の丸っこい花が、ぎっしり入っていた。

「ギャマン、というんだ」タンジンが教えてくれた。「天日で乾かして、スパイスの材料にするんだよ」

人間などまったく寄せ付けないようなこの荒地で、野の花を集めて、スパイスにしてしまうとは……。スピティの人々が代々受け継いできた、知恵の一つなのだろう。

崖っぷちから村まで戻ってきても、日が暮れるまでまだ時間があったので、タンジンに案内してもらって、コミック・ゴンパを拝観する。旧棟と新棟があって、旧棟のゴンカン（護法堂）には古い見事な壁画が残っていた。天井から吊るされているユキヒョウの古い剝製に、少しぎくりとさせられる。この僧院の守り神のような扱いなのかもしれない。

夕方、村の下手の段々畑では、女性たちが身を屈めて、水路から畑に水を引く作業をしていた。麦畑もあれば、マタル（グリーンピース）の畑もある。畦道で、壮年の男が一人、小さな男の子をおぶって、そっと揺すりながら佇んでいる。畑ではきっと、男の子の母親が、まだ忙しく働いているのだろう。何気ないけれど、心に沁みるような光景だった。

タンジンの親戚の家に戻ってみると、僕たちの後から来た欧米人のグループも到着していた。彼らと家の人たちを交えての晩飯の時、歌が得意なスイス人の老夫婦が、故国の歌を次から次へと歌ってくれた。スピティの高地の村に朗々と響きわたる、スイスのヨーデル。家の人たちも、タンジンも、愉しそうに笑いながら耳を傾けていた。

七月二十九日

標高が高くて酸素が薄いからか、夜中に何度か目が覚めたが、それでも特に頭痛などもなく、まずまず眠れた。チャパティとオムレツ、チャイをさっといただき、八時頃に出発。今朝もいい天気だ。

「今日は、デムルまでだよね。君の故郷の」と僕。「何時間くらいかかる？」

「普通の外国人なら、六時間。でも、僕らの足なら、四、五時間くらい」

初めのうちは、車も行き来するらしい未舗装路を歩いていく。平坦なので楽に歩けるが、退屈と言えば退屈だ。タンジンは時折、道路のカーブをショートカットして、小径があるのかどうかもわからないような場所を、すいすい歩いていく。その後をついていく方が、ずっと面白い。

やがて、未舗装路はすっかりなくなり、僕たちは、人や家畜が行き来できるだけの幅しかない一本の道を辿っていくことになった。ここも標高は軽く四千メートルを超えているはずだが、意外なくらい草が多く、黄色や青紫の花々が咲いている。夏の今も、このあたりには雪解け水が行き渡っているのだろう。

二、三時間ほど歩き続けた後、細い渓流の流れている草地のあるところで、タンジンは足を止めた。

「ここで、ランチにしよう」

タンジンのリュックの中には、コミックの親戚の家で用意しておいた、アルミホイルにくるんだチャパティとゆでジャガイモ、ゆで卵と、カザから持ってきていたらしい紙パックのマンゴージュースが二つ入っていた。

「ジュースなんてあったんだ」

「たまにはいいでしょ、こういうのも」

道端に腰を下ろし、靴を脱いで、草の上に足を投げ出す。気持ちいい。渓流のせせらぎの音。咲き乱れる花々の上を、ぶんぶんと飛び回る蜂の羽音。このまま、ここに寝そべって、昼寝でもしたいような気分だ。

「スキッポラ（愉しいなぁ）」と僕がラダック語で呟くと、タンジンは意味がわかったのか、マンゴージュースをストローで吸いながら、にんまりと笑った。

「もう少し先に、放牧地があるんだ。デムルの村の。夏の間、村の牛たちはそこに放して、草を食わせてる」

「夏の村、ってやつだね」

「そうそう」

昼飯を食べ終え、渓流の水を水筒にたっぷり補給して、再び歩き出す。道は上下をくりかえしながら、少しずつ高度を上げていく。左下の谷間に広がる草地に、黒くて大きな毛の塊のようなものが、点々と散らばっている。デムルの村で飼っている牛やヤク、ディモたちだ。夏の間、みずみずしい草が生い茂るこの谷間は、彼らを放し飼いにしておくにはうってつけの場所なのだろう。

「ここからもう少し登って、峠を越えたら、デムルの村だよ」

そこまで急登ではないものの、この標高での峠越えは、息が切れる。数十歩おきに立ち止まって、呼吸を整え、また歩き出す、そのくりかえし。少し先を行くタンジンは、まるで平地を行くかのように、軽やかに歩いていく。

ようやく峠の頂上にさしかかったあたりで、タンジンが声を上げた。

「……あ、うちのばあちゃんだ！　おーい！」

見ると、峠の東側の斜面で、二十頭ほどの羊の群れを追っている、一人の老婆がいた。小柄でとてもやせていて、頬かむりをした顔には、幾筋もの深い皺が刻まれている。でも、こちらに近づいてくるその身のこなしは、びっくりするほど軽やかだ。長い木の枝を杖につきながら、岩だらけの斜面を、危なげなくひょいひょいと歩いてくる。タンジンと二言三言やりとりした彼女は、ちらりと僕を見て「ジュレ」と片手を上げると、羊たちの方へとまたひょいひょい戻っていった。かなわないなあ、と思う。

峠から少し下っていくと、やがて眼下に、デムルの村が見えてきた。ずっしりとした佇まいの大きな民家が、南東に面した斜面に密集していて、祈祷旗を結わえつけられたタルボチェが、家と家の間に何本も立っている。ゆるやかに弧を描くような形で左右に広がる谷の斜面は、段々畑と牧草地の豊かな緑と、菜の花の黄色に彩られている。

「立派な村だなあ……。コミックからここまで、四時間半くらいか。タンジンの言った通りだったね」

「ヤングでストロングだから、僕たちは」

「タンジンのおばあさんの方が、よっぽどタフだよ」

タンジンは笑いながら、彼の実家に僕を案内してくれた。集落のやや上寄りにある、ひときわ大きくて格式のある家だ。居間兼台所も広々としていて、壁の棚には、つやつやした金属製の鍋や食器が並んでいる。たまたま家にいた彼の妹と二人で、タンジンは、チャイ、バター茶、ビスケット、自家製ヨーグルトの砂糖添えと、立て続けに用意して僕をもてなしてくれた。彼自身も、思いがけず故郷の実家に戻ることができて、何だかうれしそうだ。

「もう少し休んだら、村の中を案内するよ。写真を撮ってもらうのに、いい場所がある。僕の大好きな場所」

太陽が少し西に傾きかけた頃、タンジンは僕を、村の南側に弧を描いて連なる畑の方へと連れて行ってくれた。畦道を辿って、先へ先へと歩いていくと、牧草地の一番端で、道が行き止まりになっているところに着いた。ふりかえると、大きく両手を広げたような谷の懐に、デムルの村の家々と畑が、ゆったりと包み込まれているように見える。

「あと少しで、太陽が山の向こうに沈むね。ここは、西の山が高いから、日が暮れるのが早いんだ」

「きれいな村だなあ……」

「夏の終わり頃、村でいっせいに、冬のための牧草を刈る日があるんだ。その日、デムルの人間はみんな村に戻ってきて、一緒に働くんだよ。僕もその時は戻ってこなくちゃ」

「タンジンは、大学を卒業したら、どうするの？」

「学校の先生になりたい。どこでなれるかはわからないけど。できればスピティで……この村か、この近くで。もっとちゃんとした学校を作って、そこで教えたいんだ」

　故郷の村を眺めながら、まっすぐに夢を話してくれるタンジンの横顔は、何だか、とても眩しかった。

七月三十日

　今朝は、タンジンが慣れた手つきで、小麦粉にバターを練り込んだパラータを焼いてくれた。熱々焼きたてのパラータに、さらに自家製のバターを載せ、とろっとろに溶けかかったところを、指をべたべたにしながらちぎって頬張る。

「……こんなうまいパラータとバター、食べたことないよ……」

僕がそう言うと、タンジンはうれしそうに「そりゃ、デムルの牛の乳で作ったバターだから」と笑った。

居心地がよすぎて名残惜しかったが、荷物をまとめ、出発。集落を出て、谷をまっすぐ下っていく。谷は左右からどんどん狭まってきて、崖のはるか上に、タルチョが長々と張り渡されているのが見えてきた。ここが村の境界線だ。

急な斜面を、トットットッ、と小さな歩幅で下っていく。崖のおかげでまだ陽射しは当たらず、涼しい。歩きはじめてから一時間半ほどで、サンルンという、数軒の家とわずかな畑があるだけの集落に出た。目の前には、リンティ川が滔々《とうとう》と流れている。

「今日行くラルンへは、この川を渡らなきゃならないんだよね。どこから？」

「ちょっと遠回りになるけど……ここから下流の方に歩いていって、そこに架かってる橋を渡ろう。上流の方、ラルンの近くにも橋があるけど、壊れかけてるんだ。もうぼろぼろで、村の人もほとんど使ってない」

少し休憩した後、僕たちは川沿いの細い道をしばらく下り、人間が渡る分にはまあどうにかといった感じの橋を渡って、川の東岸に出た。上りがだらだらと続く未舗装路を、北へと歩いていく。強烈な陽射しに照りつけられて、首筋と背中が熱い。道路の右側の崖にところどころある窪みを見つけては、二人でその影に入って、ふーっ、と息をつく。

なかなか村が見えないなあ、と思いながら、カンカン照りの中を辛抱強く歩き続けていると、前方の曲がり角に、緑色の祈祷旗と仏塔が見えてきた。その角を曲がったとたん、一気に視界が開けた。

「…………！」

「ウェルカム・トゥ・ラルン！」

北から流れるリンティ川の右側、ゆるやかに傾斜した高台に、うっすら色づきはじめた麦畑とマタルの畑が、鮮やかな緑のモザイクのように敷きつめられている。段々畑の上手に軒を連ねている、古めかしい民家。周囲を取り巻く褐色の岩山、白い雲、青い空。何て美しい村なんだろう。

「……タンジン、ここで、もう少し待ってみてもいい？　雲の影が村の上から離れたら、写真を撮っておきたくて」

「もちろん。今日も、時間はいくらでもあるし」

雲の具合がよくなるまで三十分ほど粘って、いろいろな構図を試しながら、村の写真を撮る。何とか、納得のいく形で撮れた。ほくほくしながら、さらに未舗装路を辿って、ラルンの村に向かう。

途中に見える畑のあちこちでは、村人たちが地面に座り込んで、マタルの収穫にいそしんでいた。マタルはインド料理によく使われる野菜の一つだが、スピティの高地で穫れるマタルは甘味が凝縮されていて、生で食べても、果物のように甘い。インド国内でもとびきりの上物として取引されていて、産業らしいものがほとんどないスピティの貴重な収入源になっているのだという。

タンジンが案内してくれた今夜のホームステイ先は、集落のやや上手の斜面に建てられた、二階の裏手にも玄関のある、変わった形の家だった。村の中はとても静かで、遠くからかすかに、子供たちの遊んでいる声が聞こえてくる。

「この村には、古いお堂があるんだよ。ラルン・セルカンという」

通された居間兼台所で、家の人に代わって魔法瓶に入ったチャイをコップに注ぎながら、タンジンが言った。

「どのくらい古いの？」

「スピティのタボ・ゴンパと同じくらい。あと、ラダックのアルチとかとも」

「そりゃすごい。それだと、千年近く前になるよ。今でも見られるの？」

「鍵を持ってるお坊さんがいればね」

昼飯もそこそこに、二人でそのラルン・セルカンに行ってみることにした。

村を見下ろす位置にあるお堂は、こぢんまりとしていて、外観に特に変わったところは見られない。タンジンがお堂の周囲を歩き回りながら呼ばわると、近くの家の戸口から、分厚い丸眼鏡をかけた老僧が現れた。

「いた。よかった」タンジンが僕をふりかえる。「ツイてたね、君は」

老僧に鍵を開けてもらって、小さな扉から、中に入る。左後ろの小さな窓からかすかに光が入るほかは、真っ暗だ。暗闇に少し目が慣れてきて、堂内の様子がわかってくると、僕はごくりと息を呑んだ。

堂内の三方の壁は、上から下までびっしりと、如来や菩薩の古色蒼然《こしょくそうぜん》とした塑像《そぞう》で埋め尽くされていた。ラダックのアルチ・チョスコル・ゴンパやスムダ・チュン・ゴンパ、マンギュ・ゴンパにあるものとよく似た、立体曼荼羅になっているようだ。左側の壁の中央で、本尊のナンパ・ナンツァ（毘盧舎那如来）が、八本の腕でそれぞれ印を結んでいる。その荘厳でたおやかな佇まいに、ドッドッドッドッ、と心臓の鼓動が速まるのを感じる。

「……ナクシャ・ギプナ・ディカパ（写真を撮ってもいいですか）？」

タンジンから教わったばかりのスピティ語で訊ねると、ああ、と鍵番の老僧は言いながら、本尊にかけられていたカタを外してくれた。カメラのレンズを明るい単焦点レンズに付け替え、小さな窓からのわずかな光を頼りに、慎重に構図を決め、呼吸を静めながら、シャッターを切る。

この辺境の村で、千年もの昔から、村人たちが守り、祈りを捧げてきた場所。

自分が今、ここにいるのは、本当に、単なる偶然の巡り合わせなのだろうか。

七月三十一日

チャイ、チャパティ、自家製バターの朝飯。デムルのものに負けず劣らず、ラルンのこの家のバターも、とろっとろにおいしい。ラダックでも、最近はかなり田舎の村まで行かないと、こういうバターにはお目にかかれない。ありがたく、たらふくいただく。

身支度を整え、出発。爽やかな朝の空気の中、美しい村の佇まいを横目に見ながら、未舗装路を歩いていく。僕たちの少し前を、牛や羊やヤギ、合わせて百頭以上の群れが、道路を埋めるようにして、メェメェと進んでいる。村外れの放牧地に行くのだろう。頬かむりをした女の子が、「ハッ！　ハッ！」と声を上げながら、一人で群れを追っている。

かき分けるようにして群れを追い越し、昨日歩いてきた道を逆に進んでいく。今日も陽射しはきついが、風が吹いているので、少し涼しく感じる。昨日と同じように、時々岩陰で立ち止まって涼みながら、歩いていく。道は、リンティ川の橋からの道との分岐を過ぎ、斜面に沿って、南から東へと曲がりながら続いている。なかなか先を見通せない道程を、辛抱強く歩いていく。

正午少し前、今日の目的地、ダンカルの村に到着。村の北側、のこぎりの刃のようにぎざぎざに尖った岩尾根に、古い僧院が、今にも崩れ落ちそうに見えるほど危ういバランスで建てられている。ダンカル・ゴンパだ。十世紀か十一世紀頃に創建されたという由緒ある僧院で、かつてはここが、スピティの政治と宗教の中心地だったという。

僧院の入口には鍵がかかっていたので、鍵を持つ僧侶を探すのは後回しにして、麓の集落に下り、タンジンの案内で、今夜泊めてもらう予定の民家に向かう。ここでも、家の人たちは畑仕事に出かけていて留守だった。タンジンも、この家は初めてで勝手がわからないということで、僧院の方に少し戻り、若い僧侶が世話をしている食堂のような建物に行く。トゥクパなら出せるというので、二人ともそれを注文。

「……あんまり、味がしないな」

「何だろ？　塩を入れ忘れてるのかな」

「たぶん」

鍵を持っている僧侶が戻ってくるまで、しばらくかかるというので、タンジンと二人で、ぼんやりと待つ。と、晴れていた空が急に曇って、真っ黒な雲がどよどよと垂れ込めてきた。ゴロロロロ、と地響きを立てるように轟く雷鳴。土砂降りになるか、と身構えていたら、すごかったのは雷鳴だけで、雨はほんのお湿り程度。地面もすぐに白く乾いてしまった。

ようやく鍵を開けてもらって、拝観することができたダンカル・ゴンパの内部は、天井や敷居が低く、秘密基地か何かのように入り組んでいた。大きなバター灯明にゆらめく炎。梁にこびりついた煤。千年近い時間を遡る、壁画と仏像。あちこちがひどく老朽化して傷んでいたこの僧院は、最近、ドイツの保護団体によって修復が施されたのだという。

タンジンと二人で、僧院の屋根の上に上がってみる。すり鉢状に湾曲した谷間に、ダンカルの村の家々と、麦畑とマタルの畑が広がっている。この村も、今はマタルの収穫で忙しい時期だ。ふりかえると、岩尾根に沿って張られた白一色の祈祷旗の列が、雨が上がったばかりの空に揺れている。

「明日、カザに戻ったら、どうするの？」周囲を見回しながらタンジンが訊く。

「二日くらい休んでから、北の方にある村を、また歩いて回ろうと思ってて。キー、キッバル、タシガン、チッチム……」

「あー。ララからも、そんな風に聞いてた」

「次は二泊三日くらいだけど、よかったら、また、ガイドしてくれる？」

「もちろん。ノー・プロブレムだよ」

よかった。この二人での珍道中も、もうしばらく続けられそうだ。

八月一日

昨夜泊めてもらった家はかなりの大家族で、すっかり夜が更けてからも、わいわいとにぎやかだった。僕が持っているカメラを見て、家の主が「俺を撮れ！」と言いながら、桶で牛乳を攪拌《かくはん》してバターを作る様子を見せてくれたり。みんなでカレー味のトゥクパを食べながらの、愉しい夜だった。

今朝は、そのトゥクパの残りをさっといただいて、すぐに荷物をまとめ、ダンカルからカザに向かう乗合タクシーが出発する場所に行く。余裕と思っていた座席はみるみるうちに満席になり、車内はぎゅうぎゅう詰め。屋根の上にもガスのシリンダーが四本も積まれて、車のタイヤはたわみ、サスペンションは完全にへたり込んでいた。これで走れるのだろうか、と心配になる。

よろめくように動きはじめた乗合タクシーは、普通の車の倍以上の時間をかけて、どうにかこうにか、正午になる前にカザの町に到着した。タンジンと二人で、旅行会社のオフィスにいるララのところに行く。

「おー、タカ！　ウェルカム・バック！」

「ただいま。いいトレッキングだったよ。プランも、ガイドも」

ここまでの代金を払いながら僕がそう言うと、そりゃそうだろう、俺がアレンジしたんだからな、と言わんばかりの満面の笑みでララはうなずき、タンジンの取り分を数えて、すぐに彼に手渡した。

「八月四日から、北の方の村も回ってきたいんだ。次も彼にガイドを頼みたいんだけど」

「行けるのか？　タンジン」

「うん」

「じゃあ、そうしよう。カザからキーまで、車で行って、初日はタシガン、二日目はチッチムに泊まるといい。帰りは、朝に出るバスがある。あさって、また相談しよう」

「わかった。じゃあ、タンジン、またよろしくね」

二人と別れ、前に泊まっていたタクシースタンド近くの安宿に行く。空き部屋はあるが、屋根の上の貯水タンクが空になっているというので、水が使えるようになるまで、部屋でしばらく待つ。二時間ほど経って、ようやく出るようになった水で、髪と身体を洗い、服と下着を洗濯して干す。

ふと気がつくと、ものすごく腹が減っていたので、目抜き通り近くのパン屋に行って、缶詰のツナとマヨネーズを挟んだサンドイッチと、インスタントのミルクコーヒーを注文。通りを行き交う人々、店の軒先に並んでいる食品や雑貨の山。カザの町も、インドの中では十分田舎なのだが、それでもあのトレッキングの後だと、ものすごい文明社会に戻ってきたかのようなギャップを感じる。この土地で生まれ育った人たちは、どんな風に感じているのだろう。

八月二日

今日はひたすら、だらだら、のんびり。ゆっくり寝て起きて、いつものパン屋で、クリームチーズのサンドイッチとミルクコーヒー。町に二軒しかないサイバーカフェで、ひさしぶりに日本語の使えるパソコンを借りてメールチェック。衛星回線なので、接続速度が恐ろしく遅く、テキストを読み込むだけでものすごく時間がかかる。画像の送受信は、とうてい無理だ。

昼のうちは、宿の部屋のベッドでごろごろしながら、ノイズだらけのテレビをぼんやり見たり、イヤフォンをつけて音楽を聴いたり。ここまで撮ってきた写真のデータを見返してみたり、ノートとメモを整理したりもしてみるが、あまり集中力が続かない。まあいいか。今日と明日は休養日だし。

晩飯は、目抜き通りの北の端にある食堂で、トマトの缶詰とチーズとペンネを使ったパスタを。こういう食事を挟んでおくと、トレッキングとかでローカルフード三昧になる前のいい気分転換になる。

スピティにいながら、ほぼ何もしなかった一日だった。

八月三日

午前中、ララの旅行会社のオフィスに行って、軽く打ち合わせ。明日からのトレッキングの日程、費用、出発時間などを、もう一度細かく確認する。

今回、スピティの村々を巡るトレッキングの日程を、前半と後半の二つに分けたのには、理由があった。前半のトレッキングの出発地点のランザと、後半のトレッキングで初日に泊まる予定のタシガンとの間は、地図上では簡単に歩けそうな位置関係に見えるのだが、実は大地がばっさり切れ落ちていて、とんでもない落差の谷が横たわっているのだ。二つの村の間を移動するのに、谷底まで歩いて下りて、また登って、という行程は、あまり現実的ではないとララは言う。それで、彼と相談して、トレッキングの日程を二つに分けることにしたのだった。

「あっちの方のルートは、どんな感じなの？」

「簡単、簡単。これまでのルートも、楽勝だったろ？　お前なら問題ないよ」

「この、キッバルとチッチムの間は？　ここにも谷があるの？」

「行きは、北の方から大きく迂回すればいい。帰りは、キッバルからのバスに間に合うように、ロープウェイで谷を渡ればいいさ」

「ロープウェイ？」

「人の力で引っ張って動かすやつだよ。見ればわかる」

そう言って、ニタリと意味ありげに笑うララ。何やら一筋縄ではいかなそうな雰囲気だが、まあ、何とかなるか。

今日も、昼はサンドイッチとミルクコーヒー。夜は缶詰のマッシュルームとクリームソースのパスタ。宿の部屋で、ぱらぱらと文庫本をめくったり、ベッドの上でごろごろしたり。今夜もたっぷり眠って、明日からの旅に備えよう。

八月四日

六時半に起き、買い置きのパンを食べ、身支度と荷造り。九時、宿に迎えに来てくれたタンジンとタクシースタンドに行き、ララが手配しておいてくれた軽自動車に乗って、出発。スピティ川沿いの道を、北西に向かう。空は雲が多く、いまいちパッとしない。

車は一時間ほどで、キーと呼ばれる村に着いた。この村の少し上手には、ゲルク派の僧院、キー・ゴンパがある。僧院の麓の駐車場まで車で行ってもらって、そこで降ろしてもらうことにした。

キー・ゴンパは、円錐形の岩山の上に、無数の白壁の僧坊が寄り集まったような形をしている。創建されたのは十一世紀頃らしいが、その後、度重なる戦乱に巻き込まれて、破壊と再生を何度もくりかえした。今ある建物が再建されたのも、それほど昔のことではないらしい。

タンジンと二人で本堂を拝観した後、僧院の裏手の山の斜面に続く、つづら折りの小径を登りはじめる。危なくはないが、かなりの急斜面なので、時々立ち止まって呼吸を整えながら、ゆっくり登っていく。

「タカ、ここからゴンパを見ると、いい眺めだよ」

そう言われてふりかえると、灰色のスピティ川と褐色の山々を背景にそそり立つ、キー・ゴンパの勇壮な姿が見えた。確かに、写真を撮るにはうってつけの角度だが、今日は空模様がよくない。

「あさって、バスでカザに戻る途中、天気がよかったら、またこの場所に寄ってもいい？　できるだけいい天気で、写真を撮っておきたくて」

「もちろん。それが君の仕事だし」

それから一時間半ほどかけて、高低差三、四百メートルほどの斜面を登り、平らな地形のところに出た。標高は、すでに四千メートルを超えている。未舗装路に出て、東に向かって歩いていくと、ゲテという小さな集落があり、さらに道なりに一時間ほど歩いていくと、今日の目的地、タシガンがあった。ここも、数軒の民家とわずかな畑があるだけの、とても小さな村だ。集落の脇の小高い丘には、精霊を祀っているらしい、古いラトゥー（祭壇）が三つある。東に横たわる深い谷の向こう側には、前半のトレッキングの出発地点、ランザの村の姿が見えている。

今夜のホームステイ先の古い民家を訪ね、広々とした居間兼台所でお茶をいただいていると、「……ジュレー、ボンジュール」と言いながら、若いフランス人の男女が姿を現した。家の人たちとのやりとりを聞いていると、彼らも今夜、ここに泊まるつもりらしい。服装や荷物の様子を見ると、彼らもトレッキングをしているようだ。かなり疲れているようにも見える。

「あなた方は、どこに行くんですか？」タンジンが愛想よく英語で訊く。

「ここから、ランザに……行こうと思ったんだけど……谷が……！」

「ですね。ありますよね、かなり深いのが」

「道はわからないし……谷はものすごく深いし……で、あきらめて、戻ってきて……」

うんうん、とタンジンはうなずきながら、僕に軽く目くばせした。ララから最初に受けたアドバイスは、やはり正解だったようだ。地元の人々の間では、常識なのだろうけれど。

夜は、家の主の老人が、このあたりで採れるという野生のキノコを使った料理をふるまってくれた。じっくり煮つけたキノコの味はものすごく濃厚で、薬効なのか何なのかわからないが、身体がぽかぽかと軽く火照ってくるような感じがした。これで、よく眠れるといいのだが。

八月五日

若いフランス人の二人は、村人の車に乗せてもらって、カザに戻ることになった。途中のゲテのあたりまで、僕とタンジンも相乗りさせてもらう。昨日来た道を歩いて引き返さなくてすんで、ちょっとだけ、得した気分だ。

今朝も空は雲が多めで、ほんの時折、青空が見えるくらい。平坦な道をのんびり歩いていくと、やがて前方に、山の斜面に沿って古い民家がずらりと連なる、立派な村の姿が見えてきた。キッバルだ。

「……タカ、あそこ！　ブルー・シープだ！」

そう言われて、タンジンの指す方向にあわてて目を凝らすと、それほど離れていない丘の斜面に、数十頭ものブルー・シープの群れがいるのが見えた。地面に生えるわずかな草をむしり食いながら、悠々と歩き回っている。胴体の毛の色が乾いた土の色とそっくりなので、今のように日光による陰影がない天気だと、本当に見分けがつかない。

「このあたりには、いっぱいいるんだよ。ブルー・シープも、アイベックスも、あと、ユキヒョウも」

「そういえば、ララもそんなこと言ってたなあ」

スピティの人々にとって、彼ら野生動物は、生まれた時からごく当たり前に目にしてきた、身近な存在なのだろう。日本人である僕が、家の近所でスズメや野良猫を目にした時に感じる距離の近さと、同じように。

カザからのバスも日に一往復あるキッバルは、この界隈ではかなり大きな村で、旅行者向けの安宿も数軒ある。その中の一軒で、僕たちはチャイを出してもらって休憩し、再び歩き出した。今日の目的地はここではなく、谷を挟んではるか西に見えている、チッチムの村だ。

キッバルの北側にある谷に沿ってしばらく進み、人が通れるだけの幅しかない細い道を辿って、谷の方に下りていく。渓流沿いのところどころに、低い石積みの小屋のようなものがある。水車小屋だ。中には石臼があって、収穫した麦をそれで挽いて粉にするのだという。

谷間の細い道を辛抱強く北へと遡っていくと、少しずつ視界が開け、やがて、畑と草地が現れた。

「ここは、ドゥムレ、というんだ」

「こんなに村から離れたところにも、畑を作ってるのか」

「ほら。あそこで、ヤクを使って畑を耕してる」

見ると、村の男たちが、二頭の大きな黒いヤクに鋤を結わえつけ、畑を耕す準備をしていた。近づいて、しばらくその様子を見物させてもらう。男たちの一人がヤクたちの前に出て、肩口に結わえた紐を引っ張り、もう一人はヤクたちの背後で鋤を押さえて操る。ヤクたちはおっとりとした、でも力強い歩みで、グッ、グググッ、と土を掘り返しながら進んでいく。昔ながらの、この土地の農作業の風景だ。

畑から少し離れた草地に腰を下ろし、ヤクたちの働きぶりを眺めながら、チャパティとゆでジャガイモ、紙パックのジュースの昼飯。いつのまにか、空はすっかり晴れてきていた。細い川沿いに咲く花々の上で、小さな褐色の蝶がひらひらと舞っている。

「いいところだね、ここは」

「だよねえ」タンジンは、草の上にごろんと仰向けになった。「最高だよ、スピティは」

ゆっくり一時間ほど休憩して、出発。ドゥムレからチッチムまでは、歩いて三十分ほどの距離だった。東に面したゆるやかな斜面に、集落と段々畑が広がっている。集落の真ん中近くにあるホームステイ先の家に着いた頃、急にシャワーのような霧雨が、サアーッと村を通り過ぎていった。

雨が止んだのを見計らって、村の中を一人で歩き回る。雨上がりの潤った大気に、透明な陽射しに照らされた家々と畑の姿が、本当に美しい。この村も今はマタルの収穫の真っ最中で、村人たちは段々畑のあちこちに座り込み、一心不乱に豆のさやをむしって、籠や金だらいにぽいぽいと放り込んでいる。

ホームステイ先の家に戻ると、居間ではタンジンが、村の子供たち四人の遊び相手をさせられていた。子供たちは僕の持つカメラを見ると、わあっと集まって、「撮って！　こっちでも撮って！　次はこうやるから撮って！」と、次から次へとリクエストしてきたので、大撮影大会になった。子供たちはずっと猛スピードで動き回っていたので、ほとんどの写真はブレブレになってしまったけれど。

八月六日

ぐっすり眠れた。朝、ふかしてつぶしたジャガイモを練り込んだパラータを、チャイと一緒にいただく。

「タンジン、カザ行きのバスは、どこから出るの？　キッバルの村？」

「この村の南にある谷をロープウェイで渡ったところに、バスが待ってるらしいよ」

バスの出る時刻に間に合うように、早めに身支度をして、出発。噂のロープウェイは、村を出てすぐのところにあった。高低差が百メートルはありそうな断崖絶壁の峡谷に、長さ七、八十メートルほどの鋼鉄のワイヤーが張り渡されている。こちら側のワイヤーの根元近くで、鉄骨を継ぎ合わせて作ったような、長さ二メートル足らずのスカスカの箱が、滑車にぶら下がっている。

「あれが……？」

「そうそう」ニタッと笑うタンジン。「こっちとあっちで、引っ張って動かすんだ」

「まじかよ……」

「あと何年かしたら、隣にちゃんとした橋ができるらしいんだけどね」

言われてみると確かに、すぐ近くに橋脚の工事現場らしきものが見える。

「まあでも、今は、あれしかないのか……」

タンジンと村人たちに言われるまま、ロープウェイの箱に乗り込み、カメラバッグと一緒に膝を抱えて座る。僕とタンジンと、もう二人の村人が荷物とともに乗ると、鉄骨で組まれた箱の中はぎゅうぎゅう詰めになった。

「上のワイヤーは、絶対に手で触るなよ！　指が飛んじゃうかもしれないからな！」

谷のこちら側とあちら側とで、男たちが声を出して合図を交わすと、ロープウェイは、ゆらり、と動き出した。僕は高所恐怖症ではないが、この断崖の高さで、スカスカの箱に乗せられて宙吊りにされると、さすがに平常心ではいられない。なるべく下の谷底を視界に入れないように、無の境地で、じっと耐える。ロープウェイの箱が向こう側に着くまでの数分間が、とてつもなく長く感じられた。

ようやく地面の上に降り立って、ふうっと息をつく僕を見て、タンジンはまた、おかしそうに笑った。

「グッド・メモリー？」

「だね。一生忘れられないだろうね」

それから、ロープウェイが何往復かして乗客が揃うと、バスはすぐに出発し、キッバルでさらに乗客を詰め込み、よたよたと山道を下りはじめた。

「タンジン。今日は天気がよさそうだから、キー・ゴンパでバスを降りよう」

「写真だね。いいよ、もちろん」

「その後、キーからカザまでは、どうやって行こうか？」

「あそこからだと、モバイル（携帯電話）がつながるから、ララに電話をして、車を一台、送ってもらおう。それでいい？」

「ありがとう。助かるよ」

僕たちは僧院の近くでバスを降り、再び登山道を少し登って、前にタンジンが教えてくれた、キー・ゴンパの撮影のベストスポットに行った。今日はよく晴れていて、藍色の空に漂う白い綿雲が、手の届きそうなほど近くに感じられる。スピティの谷を背景にそびえるキー・ゴンパの姿は、人の手によって作られたとは思えないほど、現実離れした存在に見える。レンズを交換しながら、いろいろな構図でシャッターを切っていく。撮りながらふと、ブリューゲルの描いた「バベルの塔」の絵画に、どことなく似ているな、と思う。

これから先、スピティでも、各地への道路が延伸されたり、橋が架かったり、物流や通信が便利になったりして、いろいろなものごとが、刻々と変わっていくのだろう。このトレッキングで目にしてきた穏やかな光景も、もしかすると、十年後には失われてしまっているかもしれない。

この旅を、忘れないようにしなければ。それが、今の自分にできる、唯一のことだ。

ラルンの村と段々畑

永遠の瞑想

Giu

チベット仏教の僧侶は、時に、三年三カ月三日に及ぶ、瞑想修行に入ることがある。

僕は今までに二度、三年三カ月三日の瞑想が行われている場に行き合わせたことがある。一度目は、ラダック東部のサクティという村からさらに山奥に入ったところにある、カスパンと呼ばれる瞑想所で。二度目は、ザンスカールのルンナク渓谷にある僧院、バルダン・ゴンパで。どちらも、真冬のさなかに訪れた時だった。

瞑想修行は扉を閉め切った部屋の中で行われるので、僕自身は、実際に僧侶が瞑想を行う様子を目にしてはいない。修行中の僧侶の身の回りの世話をする少年僧や、近隣の村の住人が、小声で「あそこで瞑想をなさってるんだよ」と、閉ざされた扉を指し示してくれた。瞑想が行われている部屋の近くでは、大きな声で話をしたり、物音を立てたりすることは、もちろん厳禁だった。

インド東部にあるチベット文化圏、シッキム出身の元僧侶から、三年三カ月三日の瞑想修行をした時の話を、少しだけ聞いたことがある。「髪の毛や手足の爪が、もう、大変なことになるんです」と、彼は笑いながら話してくれた。「そんなに長い修行の間、どんなことを考えていたんですか?」と、うっかり訊きそうになったが、やめた。僧侶の瞑想修行なのだから、仏の教えに関わることに決まっているし、「それ以外に何を?」と訊くのも失礼だし。

三年三カ月三日。そんな途方もない歳月を瞑想に捧げる決心をさせるほど、僧侶たちを衝き動かすものとは、いったい、何なのだろう。

ラダックやザンスカール、スピティでは、僧侶となる者は、七歳くらいの頃から親の意向で僧院に預けられ、僧侶としての修行と勉強に取り組む。かつては、一家の兄弟のうち一人は、僧侶にするために僧院に預けるのがしきたりだった。各地の僧院は、そうした地元出身の僧侶たちによって、遠い昔からずっと維持されてきたのだ。

とはいえ、最近では、これらの地域でも少子化が進み、職業の選択肢も増えてきているので、僧院に預けられる子供の数も、次第に減ってきているという。

僧院で修行する少年僧を多く見かけるのは、ラダックではティクセ・ゴンパやリゾン・ゴンパ、ザンスカールではカルシャ・ゴンパやプクタル・ゴンパ、スピティではキー・ゴンパなど。男の子に比べると人数は少なめだが、各地にある尼僧院には、尼僧となる女の子たちも預けられている。

幼い僧侶たちは、朝早くから勤行にいそしみ、炊事や配膳の手伝い、掃除、洗濯、その他の雑用など、さまざまな役割を分担して受け持つ。仏教の知識を学ぶほかに、語学や数学、一般教養などの勉強もする。傍目に見ていても、けっして楽な生活とは思えない。

かといって、彼らが毎日しおらしく過ごしているかというと、むしろ逆で、やんちゃでいたずら好きなのは、同年代の普通の子供たちと同じか、それ以上だ。

たとえば、ザンスカールのプクタル・ゴンパでは、三十人くらいの少年僧たちが修行しているが、毎日夕方になると、僧院が経営している麓の売店にわあっとやってきて、ものすごい勢いでカウンターに詰め寄り、実家から仕送りしてもらったなけなしの小遣いで、我も我もと駄菓子を買い漁る。彼らはその駄菓子を、袈裟の懐や僧帽の内側に隠し持ち、早朝からの勤行の間、監督役の僧侶の目を盗みながら、こっそりぱくついている。

子供の時に僧院に預けられた者全員が、僧侶としての人生を送るわけではない。成長して大人になるまでの間に、還俗《げんぞく》して一般人に戻る人も少なくない。還俗する理由は、人それぞれ、いろいろあるようだ。僧侶としての生活が合わなかったとか、ほかにやりたいことができたとか、あるいは、恋に落ちてしまったとか。還俗した後、学校などで仏教について学び続ける人もいれば、まったく違う生き方を選ぶ人もいる。僕の知り合いにも、子供の頃に僧院に預けられたものの、十代のうちに還俗し、今は結婚して家庭を持っている人が、何人かいる。

成長してからそのまま僧侶として生きる道を選んだ人の中でも、特に優秀な人は、学問を究めて、ゲシェと呼ばれる仏教の学位を取ることを目指す。そうした人は、南インドにあるチベット仏教の大僧院に行って、勉学に励む場合も多いようだ。ただ、ほとんどの人は、一介の僧侶として、どこかの僧院で、日々祈り、瞑想し、時に近隣の村人に請われて法要をし、やがて、その生涯を終える。

ラダック、ザンスカール、スピティでは、僧侶が亡くなると、一般の人と同様、その遺体は荼毘《だび》に付される。リンポチェのような高僧が亡くなった場合は、特別な形式の法要が執り行われるが、火葬という部分は共通している。

ただ、昔は、僧侶が亡くなってからも荼毘に付さず、ミイラ化した遺体をそのまま安置していた例もあったようだ。

ザンスカールのカルシャ・ゴンパには、最上部の本堂の奥に、ミイラ化した高僧の遺体を納めた仏塔がある。仏塔の内側は中空になっていて、小さな隙間から、中に安置されている遺体の様子を窺うことができる。十五世紀頃にカルシャ・ゴンパの創建に関わった、ロボン・ドデ・リンチェンという高僧の遺体なのだという。亡くなってからミイラ化されて安置されたのか、かつて日本の民間信仰で行われていたような苦行を経て即身仏となったのかは、わからない。

スピティの東端の国境近く、街道から十キロほど山道を北上したところにある小さな村、ギウは、最近になって、ミイラ化した僧侶の遺体が発見されたことで、突如として有名になった。村の中にあった古い仏塔が崩れ、その内側から、僧侶らしき人のミイラが現れたのだという。五、六百年前に亡くなった僧侶の遺体ではないかと推測されているが、確かなことはわかっていないようだ。

僕も、ギウの村を訪れたことがある。村の奥の小高い場所では、僧侶の遺体を祀るための真新しい極彩色の寺院の建設が進んでいた。肝心の僧侶の遺体は、その寺院の境内に仮に建てられた小屋の中に安置されていた。

透明なガラスの箱の中に納められていた僧侶の遺体は、片膝を抱えて座っているような形で、ミイラとなっていた。保存状態は、五百年も前の遺体とは思えないほど良好のようだ。その表情は、とても穏やかだった。あごを膝に載せるようにして、遠くを見やりながら、何かを祈っているようにも見えた。

彼の生涯を思う。どんな人生だったのだろう。この辺境の小さな村で、日々何を考え、何を祈っていたのだろう。家族は、どんな人たちだったのか。友と呼べる人はいたのか。愛した人はいたのか。そして、なぜ、このような形で葬られたのか。

今の僕たちに、知る術はない。

スピティからラダックへ

Parang La Trek

七月二十六日

今度のトレッキングは、最初から波乱含みの展開になった。

ララが手配してくれたトレッキングガイドの男性が、風邪をこじらせて体調を悪化させてしまい、今朝になって、リタイアすると伝えてきたのだ。昨日のうちにチッチムの村まで来て、出発の準備を整えていた僕にとっては、寝耳に水の話だった。

寝込んでしまったガイドが、ララと電話で相談して急遽手配してくれた代役は、チッチムに住む三十歳そこそこの男だった。サングラスを載せた黒髪、尖った目鼻立ち、着古したジャージ。カルザンという名前で、英語は少ししか話せない。僕はスピティ語は話せないし、彼も僕の話すラダック語はぼんやりわかる程度。コミュニケーションに少し不安は残るが、この際、ぜいたくは言っていられない。今日から、ラダックを目指して、歩きはじめなければならないのだ。

以前からずっと、スピティからラダックまで、歩いて旅してみたい、と考えていた。

車が行き来できる道は、スピティからクンザム・ラという峠を越えて西に伸び、ロータン・ラの北側でレー・マナリ・ハイウェイに合流する道がある。だが、昔、この地で暮らしていた人々は、現在の車道とはまったく別の道を使っていたらしい。スピティの中心地からほぼまっすぐに北上し、標高五千五百メートルに達する巨大な峠、パラン・ラを越え、さらに北へと続き、ラダック南東部に横たわる巨大な湖、ツォ・モリリにまで至る道があったのだという。

この古の道を踏破するパラン・ラ・トレックを手配するのは、ラダック側からだと、かなり難しい。ラダックでもひときわ辺境に位置するツォ・モリリ付近では、荷物を運ぶのに必要な馬を確保するのが難しく、料金もかなり割高になってしまう。僕も去年、ラダック側から歩く計画を立てていたのだが、どうしても馬が確保できなくて、断念せざるを得なかった。

ところがその後、スピティ側からだと、パラン・ラ・トレックの手配は拍子抜けするほど簡単にできることがわかった。出発地点の付近に複数の村があり、村人たちが普段の荷役に使っている馬やロバも、それなりにいる。トレッキングのルートを熟知している人も、スピティ側の方が多い。あとは、カザの町の役所で少し特殊な入域許可証を取得して、ツォ・モリリからレーまで乗せてくれる車を、ラダック側に連絡して手配しておけばいい。

ララが手伝ってくれたおかげで、準備はとんとん拍子に進んだ。まさか、出発当日に、ガイドが風邪でリタイアするとは、想像もしていなかったが。

そんなわけで、朝、代役のカルザンとの顔合わせもそこそこに、チッチムを出発。平坦な道を三十分ほど歩いて、集落から離れた場所にぽつんとある畑地、ドゥムレまで行く。ここは一年前に来て以来だが、薄曇りの空の下でも、草地と畑は変わらずみずみずしい。ここに前の日に置いておいた装備一式を、村から連れてきた二頭のロバに積む。

今回のトレッキングには、ガイド役の彼のほかに、同じくチッチム出身の五十歳くらいの男が一人、ホースマン（馬番）というかドンキーマンとして同行してくれる。二人がかりでロバを扱わないと切り抜けるのが難しい場所が、ルート上にいくつかあるのだという。つば付きの丸い帽子と眼鏡、首にかけた数珠。彼の名前もカルザンだというので、ガイド役の年下の彼をノノレ（弟）、ドンキーマン役の年上の彼をアチョレ（兄）と呼び分けることにした。

荷物をロバに積み終えて、再び歩き出すと、道はいきなり、急登になった。見上げても、どこまで登ればいいのか見通せないほどの急斜面だ。肩で大きく息をしながら、ジグザグの小径を一時間ほどかけて登っていく。ところどころに、小さな水色の花々が、ふわっと地表を漂うように咲いている。ワスレナグサだろうか。

その後、道はすとんと下りに変わった。腕時計内蔵の高度計で確認した高低差だと、二時間ほどの間に、五百メートルほど登って、百五十メートルほど下った計算になる。標高はもちろん、出発地点からずっと四千メートルを超えている。初日から難儀な行程だ。

しばらく歩き続けて、タルタクと呼ばれているキャンプサイトに到着。近くに水場がある以外は、うっすらと草が生えているだけの空き地だ。パラン・ラ・トレックのルート上には、スピティのチッチムからツォ・モリリ湖畔のコルゾクまでの間、村や集落は一つもない。完全に無人の荒野を歩き続けていくことになる。

テントを張り、ノノレが淹《い》れてくれたジンジャーティーをする。風に雲が押し流され、空が少しずつ晴れてきた。東の方に、なめらかなシルエットの雪山が見える。標高五千九百六十メートルの高山、カナモだ。大きなスプーンですくい取って盛りつけたバニラアイスみたいだな、とぼんやり思う。

ふりかえると、ノノレとアチョレは自分たちのテントのそばで、一週間分の食糧の入った木箱を開け、何やら首を傾げている。

「……どうしたの？」

「これ、用意したの、あんたか？」

「いや、ララが、全部一人で詰めちゃったんだけど……」

「これがなあ……」

ノノレは苦笑いしながら、片手にビニール袋に入った食パン、片手にホットサンドメーカーらしき鉄製の器具を持って、僕に見せた。ララとしては、これでホットサンドを作って食え、というつもりだったらしい。でも、この乾燥した気候で食パンの封を開けたら、一日でぼろぼろのパン屑になってしまう。残るのは、ずっしり重いホットサンドメーカーだけだ。

三人で顔を見合わせ、ケラケラ笑う。ララはやっぱり、面白いやつだ。

七月二十七日

夜、雨粒がテントの天幕を叩いていたような気がするが、まずまずよく眠れた。朝、テントから外を見ると、二つ向こうの山の斜面には、うっすらと新しい雪が積もっていた。澄んだ空を背景に、カナモの頂上が、暁の光に照らされている。温かいチャイとおかゆを腹に入れ、身支度を整える。

「先に歩いていってもいい？」

「ああ。ここから下って、川に出たら、上流に行け。しばらく行くと、橋がある。そこで待っていてくれ。その先は、道がややこしい」

「わかった」

ゆっくりと荷造りをする二人を残し、一人で歩き出す。昨日の登りが一気に帳消しになるほどの、急な下り。いったい何百メートル下がるんだろう、と思いながら、石ころだらけの道を辿って、峡谷の底へと下りていく。

一時間ほどで、谷底を流れる細い渓流に出た。左岸に沿って歩いていくと、数本の丸太が無造作に川に渡してある。ここか、と合点し、近くにあった大きめの岩に腰を下ろし、携行食のチョコレートをかじりながら、しばらく待つ。

谷底から見える狭い空を、雲が飛び去っていく。さらさらと水の流れる音。何もない。誰もいない。自分はなぜ、こんなところにいるのだろう。もし、僕が道を間違えていたら……二人がここに来なかったら……僕はこの谷底で、どうなってしまうのだろう。自然がほんの少し気まぐれを起こせば、僕なんぞ、一瞬で消し飛んでしまう存在でしかない。

本当に、僕はなぜ、ここにいるのだろう。

「ヤー、ジュレー！」

四、五十分ほど経って、ノノレとアチョレと二頭のロバが、ようやく姿を現した。

「ずいぶん時間がかかったね」

「ロバたちがな。ひどい道だ」

丸太の橋を渡り、ゴツゴツした岩が転がる右岸を、一時間ほど歩いていく。ところどころに、冬から解け残ったまま土砂をかぶった雪が、崩れかけた屋根のように川に覆いかぶさっている。この右岸も、ロバたちはかなり歩きづらそうだ。ノノレとアチョレは、ロバを前後から挟むようにして、二頭の足元に目を配りながら追っている。

「……ここだ！」

ふいに、ノノレは右上方を見上げると、アチョレとうなずき合って、右の斜面を登りはじめた。僕の目には、道どころか、目印も何も見つけられないのだが、二人は迷いなく、ロバを連れて、ずんずんと斜面を登っていく。この登り口は、地元の人間でなければ、絶対に見分けられないだろう。

登る。登る。登り続ける。こんなにアプローチが大変な峠は、ラダックやザンスカールで今までやってきたトレッキングでも、経験がない。腕時計内蔵の高度計の数値は四千五百メートルを超え、さらに上がり続ける。呼吸が苦しい。こめかみのあたりからしびれるように、頭がぼーっとしてくる。

峡谷の底からたっぷり三時間ほどかけて、ひたすら登り続け、ようやく、パラン・ラ直下のベースキャンプ、ボンロチェンに到着。岩と石ころのほかには何もない、殺風景な荒地だ。乾き切った地表を、幅数十センチほどの水流がひとすじ、チョロチョロ流れている。

「ここはよくない。水が少なすぎる」ノノレは顔をしかめながら、メギを作るための水を慎重に鍋にすくい上げはじめた。

テントを張り、その入口に座って陽射しを避けながら、酸欠気味でぼんやりした頭のまま、周囲を見回す。このベースキャンプの標高は、ほぼ五千メートルくらいだが、ここからでさえ、パラン・ラの頂上はまだ見通せない。

砂礫に覆われた地面に、青紫色の小さな花が、ぽつんと咲いている。こんな荒地にも、花は咲くのか……。

自分でも理由はわからないが、不思議なくらい、落ち着いた気分になった。

七月二十八日

四時半起床。昨夜の晩飯のターメリックライスの残りをかっ込み、荷物をまとめ、六時半、先に一人で出発。あたりはまだ薄暗い。寒い。吐く息も真っ白だ。早く陽が射してきてくれないかと思いながら、U字型の斜面を右上に登っていくようにして、峠の頂上を目指す。斜面のあちこちに、雪が縞模様になって残っている。

標高五千メートルを超える場所で、荷物を背負って斜面を登っていると、尋常でないくらいに息が切れる。狭めの歩幅で歩いていっても、四、五十歩くらいで息が上がって、立ち止まって呼吸を整えずにはいられなくなる。こんなとんでもない場所に、うっすらと道が続いていること自体、信じられない。一年の大半は、深い雪の底に埋もれているはずなのに。

峠の上の方から、太陽の光の当たる範囲が少しずつ広がってきて、斜面を登る僕の背中にも、陽射しのぬくもりを感じられるようになってきた。空にはひとかけらの雲もなく、成層圏にいるのかと思うくらい、澄みわたった藍色をしている。左右の靴が、乾いた砂礫を踏みしめる音。肺と肋骨と横隔膜を振り絞るようにしてくりかえされる、自分の呼吸の音。どうにもこうにも、苦しい。いったい、いつまで、どこまで、これが……。

唐突に、斜面が途切れ、周囲にぐるりと空が広がった。横並びの石塚に結びつけられたタルチョが、強風に引き裂かれそうになりながらはためいている。標高五千五百メートルの峠、パラン・ラ。やった。越えた。ここから先は……。

峠の北側の下り斜面を見て、僕は唖然とした。

一面、真っ白だ。雪というより、ざくざくの氷。巨大な氷河が、はるか下まで、斜面を覆い尽くしている。

「まじかよ……」

パラン・ラの北側には、氷河を横切るポイントがあるという噂は聞いていた。しかし、これは、ちょっと横切るとかいう規模ではない。この氷河の上を、たぶん何時間もかけて、ずっと歩いて下らなければならない。いや、そもそも、歩けるのだろうか？

少し遅れて、ノノレとアチョレと二頭のロバが、峠に到着した。僕と違って、二人とも、たいして息も切らしていない。

「……どうするの、ここから？」

僕がそう訊くと、ノノレはこともなげに首を傾げ、ヒンディー語で言った。

「チャロ（行こう）」

まあ、そうだよな。ここまで来たら、行くしかない。

氷河の表面は、ささくれたようなシャーベット状になっている。靴底も、ある程度はめり込む。足元をよく見てさえいれば、滑って歩けないということはない。ただ、氷の表面からの陽射しの照り返しは強烈で、うっかりすると目が眩みそうになる。群青の空、漆黒の岩峰、白銀の氷河。途方もなく美しいが、途方もなく厳しい。ここは、人間がいるべき世界ではないのだ、と感じる。

ノノレとアチョレは、氷の上で蹄を踏ん張りづらそうにしているロバたちを、前後から挟み込みながら、慎重に斜面を下っている。二人は時々立ち止まって、下の方を見やりながら、どの方向にどう進んでいくべきか、意見を言い合っている。この氷河の上では、クレバス（氷の裂け目）を避けるのはもちろんだが、氷の表面を流れている細い水流の流れる先も見極めなければならない。というのも、水流は少し下の方に行くと、すぐに川のように広がってしまうからだ。氷河からの脱出ルートをクレバスと水流に阻まれると、本当に、にっちもさっちもいかなくなる。日々刻々と状態が変わる氷河の上では、地元出身の二人でも、慎重にならざるを得ない。

二人が選んだのは、ゆるやかに左に弧を描く氷河の斜面を下っていって、氷河の下端に行き着く前に、左側に見える地面へと斜めに脱出していくルートだった。細い水流を何本かまたいで越え、少しずつ少しずつ、地面の見える方へと近づいていく。焦ってルートを見誤らないように、ノノレは何度も立ち止まって、水流の流れる先を見定める。

峠の頂上から下りはじめて、三時間後。ようやく僕たちは、氷河から逃れて、地面の上に降り立つことに成功した。岩だらけの斜面をさらに下っていくと、行手にまた、うっすらと道が見えてきた。道はあるのか、この先にも……。

焼けつくような陽射しの中、石ころだらけの道を黙々と歩いていく。朝はあんなに寒かったのに、今は、うんざりするほど暑い。水筒の水も、とっくに飲み干してしまった。標高が少し下がって、呼吸が楽になったことだけが救いだ。

二時間ほど歩き続けると、氷河から流れ出てきた川が、斜めに行手を塞いでいる場所に行き着いた。靴と靴下を脱いで、流れの中に踏み込む。水は氷のように冷たく、川底の砂利が足の裏に鋭くめり込む。痛い痛い痛い、と呻《うめ》き声を上げながら、どうにかこうにか、渡り切る。これで終わりか、と思ったら、すぐ先にもう一本、別の川が。今度は流れがかなり速い。うっかり転ばないように足を踏ん張って、痛い痛い痛い、とまた叫びながら渡っていく。

二本の川を渡渉して、さらに歩き続けて、一時間半。僕たちはようやく、この日の幕営地、カルサル・ゴンマと呼ばれる場所に辿り着いた。小川の岸辺に、ピンク色の花々が咲いている。気持のいいキャンプサイトだ。

テントを張って中にマットレスを敷き、気絶したように、ばたりと倒れ込む。今日は、さすがにきつかった。でも、どうにか、越えた。あの、とてつもなく大きな峠を。

七月二十九日

よく寝た。今朝も、空は雲一つなく晴れている。昨夜の残りのサブジ（野菜カレー）と米飯をささっと食べ、七時半に出発。

今日は、歩きはじめてから一時間半後くらいに浅い川を渡渉したほかは、川の右岸に沿って、ひたすら北東へと歩き続ける行程だった。時々、まだらに緑が散らばる広々とした平原や、大きな岩がオブジェのように点々と転がっている一帯が現れる。だが、行程のほとんどは、山あいのさらさらに乾いた砂礫の斜面だった。村も、集落も、何もない。

ただ、道だけは、そこにあった。細く、頼りなく、ところどころ途切れてはいるが、それでも道は、砂礫の中で、僕たちの進むべき方向を示し続けていた。

この険しい山々に囲まれた荒野に最初に分け入ったのは、どんな人たちだったのだろう。ラダックからか、スピティからか、あるいは、そんな国すら存在していなかった頃の人々だったのか。地図もコンパスもなく、どこに辿り着くのかもわからないまま、どれほどの勇気と決意を胸に旅をしていたのだろう。怖くはなかったのだろうか。何を求めていたのだろうか。今の僕は、名も知らぬ彼らの遺した道を、こうして辿り歩くことしかできない。

容赦なく照りつける陽射しの下、ゆでダコにされたような気分で歩き続け、約六時間。僕たちは、カトパ・ブゾと呼ばれる幕営地に着いた。近くに川があるほかは何もない、がらんとした平地だ。テントを張り終えた後、ノノレは大きな石をいくつか拾ってきて、即席のかまどを作りはじめた。

「ケロシンストーブを使わないの？」

「ケロシンが残り少ない。今日は、これでやる」

ノノレは、周辺から拾い集めてきた動物の乾いた糞を石の間に入れ、その上に鍋をかけると、あっという間に火を熾して、チャイを沸かしはじめた。何もない荒野で、こんなことをこともなげにこなせてしまう彼らが、本当にうらやましい。

「明日は大変だぞ。でかい川を渡る」

「ノルブ・スムドだよね。どのくらい大変なの？　深さは？」

ノノレは、胸のすぐ下のあたりを、とんとんと手で叩いた。

「これくらいのこともある」

やれやれ。無事に切り抜けられるように、祈るしかない。

七月三十日

五時半に起き、チャイとメギの朝飯。七時過ぎに歩きはじめる。昨日と同じように、北東へと流れる川の右岸を辿っていく行程。今日は少し雲が出ていて、陽射しが弱い。それだけで、身体がだいぶ楽に感じる。

道の左側を流れる川は、進むにつれてじりじりと広がって、今では優に百メートルを超えるほどの川幅になっている。ところどころに砂洲が見えているので、水深はそれほど深くなさそうだが、氷河からの雪解け水特有の灰褐色に濁っているので、よくわからない。

四時間ほど歩き続けたところで、北西の方から流れる別の細い川との合流地点に行き当たった。

「ここが、ノルブ・スムド?」

「ああ。大丈夫そうだな、今は」

ここで川を渡渉して、北西へと進んでいけば、目的地のツォ・モリリに至るはずだ。しかし、この広い川を……渡れるのだろうか?

「ちょっと、ロバたちを見ていてくれ」ノノレは僕に、二頭の手綱を渡した。

「二人で一度、川を渡って、確かめてくる」

ノノレとアチョレは、靴を脱ぎ、ズボンの裾をまくり上げて、たいして躊躇することもなく、じゃぶじゃぶと川に踏み込んでいった。途中に何本か細い砂洲があって、それらの間の川の深さも、膝の上くらいまでのようだ。胸元までの深さになっていたらどうしようかと思っていたので、少しほっとした。

二百メートル近くはある向こう岸まで、じゃぶじゃぶ歩いて往復してきた二人は、両足の肌を真っ赤に染め、「ふーっ！」と息をつきながら、岸に上がってきた。

「ここからで大丈夫だ」ノノレが言う。「まず、ロバたちを二人で向こうに渡す。その後、俺が戻ってきて、お前が渡るのを手伝う。それでいいか？」

「もちろん。でも悪いね、何度も往復させて」

ノノレは軽く肩をすくめて笑うと、「アチョ！　チャロ！」とアチョレに声をかけ、ロバたちの手綱を引いて、また川の中へと入っていった。ロバたちは水辺でちょっとたじろいでいたが、やがてあきらめ、寡黙な顔のまま川の流れへと踏み入っていった。パラン・ラの氷河もそうだったが、このノルブ・スムドでの渡渉も、人間が二人いなければロバや馬を御しきれないのだろう。

ロバたちの次は、僕の番だ。カメラバッグをなるべく濡らさないように、ストラップをめいっぱい短くし、レインカバーをかける。ズボンを太腿の付け根までまくり上げ、裸足になってから、靴を左手に持ち、右手をノノレの肩にかけ、軽く支えてもらいながら、川の中へ。

水は、ぞっとするほど冷たい。足の裏に、容赦なく砂利がめり込む。冷たいのと痛いのとで、思わず「わーっ！」と叫びながら、ノノレと歩調を合わせて、ざぶざぶと流れをかき分けていく。時々、ずぼっと水深が深くなり、太腿の半ばまで水に浸かる。まったく、何で、こんな……。何だか笑えてきてしまった。

文字通りよれよれになって、どうにか対岸に辿り着く。少し時間をもらって、岩の上に座り、濡れた両足をタオルでぬぐい、かじかんだ爪先と足裏をさする。ノノレとアチョレも、無事にロバたちを渡すことができたからか、ほっとした表情を浮かべている。

川から離れると、一気に地形が開け、湿地帯が現れた。みずみずしい緑の草地と、咲き乱れる色とりどりの花。乾き切った砂礫の荒野を何日も歩き続けてきた後だったので、ものすごく新鮮に映る。

今日、キャンプをするのは、チュリミシャデ。水がふんだんにある場所で、眼下には鮮やかな黄色と緑に彩られた湿原が広がっている。北の方、遠くの平原に、十数頭のキャンの群れも見える。今まで、ラダックやザンスカール、スピティで泊まってきた中でも、一、二を争うくらい美しいキャンプサイトだ。

今日は僕たちのほかに、もう一つ、別のグループがここで幕営するようだった。六人のインド人の若者たちと、彼らをサポートするラダック人のスタッフたち。馬も、十頭くらいいる。インド人のトレッカーは、このあたりでは割と珍しい。今回のトレッキングで、チッチムを出発して以来、アチョレとノノレ以外で会った人間は、彼らが初めてだ。カモンカモン、と手招きされたので、彼らの輪に近づいてみる。

聞くと、彼らはデリーから来ていて、三日ほど前にツォ・モリリ湖畔のコルゾクの村を出発し、あと六日ほどかけて、スピティを目指すのだという。僕よりも二日ほど余裕のある日程だ。ノルブ・スムドの渡渉やパラン・ラの氷河のことなど、彼らを待ち受けているこの先の行程について、英語で根掘り葉掘り訊かれる。

「それにしても、大変よね、トレッキングって」彼らの一人の女の子が言う。「特に、水が。うちのスタッフ、毎日、水を汲んで、飲めるように煮沸してくれてるのよ」

彼女が指さす方を見ると、確かにスタッフの一人が、なみなみと水を張った大きな鍋を、ケロシンストーブにかけている。

「あなたは、どうしてるの？　水」

「えっと……川から汲んで、そのまま飲んでますけど」

「ええっ！」「ダメだよ！」「おなか壊しちゃうよ！」

「いや、今のところ、大丈夫なんで……」

「何てかわいそうなんだ……」「私たちの水を分けてあげるよ！」「貸して！水筒！」

彼らは僕を憐れみのまなざしで見ながら、僕の水筒に、ラダック人のスタッフが煮沸した水をわざわざ詰めてくれた。ありがとう。僕がこれまで飲んできた水に問題があったとしたら、もう手遅れだと思うけど。

七月三十一日

清々しい朝。ゆっくり起きて準備をして、七時半頃に出発。昨日、キャンプサイトからも遠くに見えていた十数頭のキャンの群れが、まだ同じ場所に佇んでいる。道から離れ、彼らを驚かさないように少しずつ近づいて、望遠レンズでそっと写真を撮る。一頭だけ群れから離れたキャンが、群れと僕との間に入るようにして、じっとこちらを見ていた。群れを守るための見張り役なのだろう。

このあたりは、キャンダムと呼ばれているらしい。キャンのキングダム（王国）というニュアンスのごく最近の造語なのか、それとも何か別の由来のある呼び名なのかは、わからない。スピティにいた時に訊いて回っても、誰も由来を知らなかった。

だだっ広い平原を、北西に向かって歩き続ける。今日も暑い。陽射しが強烈すぎて、皮膚を晒していると火ぶくれになりそうなほどだ。ノノレも、脱いだ上着を背後に羽織るようにして、首筋を守っている。いつ、どこで水が補給できるかわからないので、水筒からちびちびとなめるように水分を摂る。

辛抱強く歩き続けていくうちに、地平線の彼方に、青い湖水が帯のようにうっすらと見えてきた。ツォ・モリリだ。スピティから、ついにここまで来た。

標高四千五百メートルの地にあるツォ・モリリは、南北が約二十八キロ、東西が約八キロの楕円形をした、巨大な湖だ。僕たちはその南端から、西岸沿いの道を北上して、湖の北西にある村、コルゾクを目指す。

「今日がんばれば、夜までにコルゾクに着けるかもしれないね」

「行こうと思えば行ける」歩きながら、ノノレが答えた。「でも、今日行く必要はない」

「何で？」

「村の手前、湖のそばでキャンプをする方がいい。明日の早い時間にお前をコルゾクまで連れて行ったら、俺たちはすぐ引き返すしな」

話す言葉も、文化も、ラダック人とは少し違う彼らスピティ人にとって、コルゾクの村は、そんなに魅力的な場所ではないのかもしれない。

照りつける陽射しで煮えたぎるように熱せられていた空気も、ツォ・モリリのほとりに続く道を歩くようになると、いくぶん涼やかに感じられる。遠くからは淡いターコイズ・ブルーに見えていた湖水は、近づくにつれ、深いサファイア・ブルーに変わっていく。ところどころに、水鳥の群れが、ラバーダックのように呑気にぷかぷか浮かんでいる。

歩き続けて約七時間後、午後半ばにさしかかったあたりで、アチョレとノノレは足を止めた。西にある山の方から、細い川が湖に流れ込んでいる。岸辺には、テントを張るのによさそうな形の平地もある。

「今日はここに泊まろう」とノノレ。「ここの川の水は、ちょっとしょっぱいんだがな」

「コルゾクまで、あとどのくらい？」

「ほんの二、三時間だ。でも、ここで寝る方がいいだろ？」

確かに、こんなぜいたくなキャンプサイトは、ほかにない。わずかに草の生える砂地に、入口がツォ・モリリに面するようにしてテントを張る。最高の眺めだ。

西の山の端に隠れたばかりの太陽から、東の空に向けて、矢のような残光が幾筋も伸びていく。スピティから山の中を歩き続けて、六日間。旅の最後に、こんな光景が待ってくれていたなんて。

今まで歩いてきた道が、まだ影も形もなかった頃、この地を最初に旅した人たちは、この美しい湖を見て、何を思い巡らせたのだろう。僕たちと同じように、この岸辺で湖を眺めながら、一夜を明かした旅人もいたのかもしれない。

晩飯を食べ終え、日がすっかり暮れた後も、僕はテントの入口に座り、星空を眺めて過ごした。暗い湖水の上にぐるりと弧を描く、天の川。闇に瞬く無数の星々が、僕のいる地表を、じっと見下ろしている。チャプン、チャプンと打ち寄せる波の音が、すべてを穏やかに包み込んでいく。

この旅も、明日で、終わりだ。

ただ、道だけは、そこにあった

あの頃の僕へ

旅に出る理由は、人それぞれ、いろいろあると思う。

興味を持った国や街、自然、催しを見に行きたい人。世界一周やユーラシア大陸横断、南北アメリカ大陸縦断など、何らかの目標を達成したい人。異国での食べ歩きや買い物が好きな人。一昔前によく言われていた、自分探しの旅に出たい人。日々の生活のしがらみから逃避したい人。そして、ただただ、ここではないどこかに行きたい、という衝動に駆られる人。

自分の場合は、どうだっただろうか。

最初のきっかけは、嫌なしがらみからの逃避だったように思う。何もかもが疎ましくて、逃げ出すように、旅に出た。二十代の初めの頃のことだ。

上海まで船で渡り、シベリア鉄道に乗ってヨーロッパまで行き、ユーレイルユースパスを使って夜行列車を宿代わりにしながら、国から国、街から街へと彷徨《さまよ》った。その旅で、自分がいかにちっぽけで、何も知らないか、何もできないかを、思い知らされた。でも同時に、僕は、旅が好きになった。その後もあちらこちらに、何度も何度も、旅をくりかえすようになった。

今になってふりかえってみると、僕は、いろんな国や地域を旅しながら、何かを達成するのでも、何かから逃げるのでもなく、自分はここに来るべくして来た、と心から思える場所を、ずっと探していたのだと思う。

そして僕は、ラダックに辿り着いた。僕はここに、来るべくして来た。ラダックは、初めて確信を持ってそう思えた場所だった。

ラダックを何度も旅して、長い歳月を過ごすうちに、僕自身がラダックにこだわり続ける理由も、少しずつ変わっていった。最初は、何から何まで新鮮な非日常の世界だったラダックは、新しく見つけた自分の居場所となり、自分にとっての日常となり、やがて、自分の人生の一部になった。

居場所となり、日常となり、人生の一部になったからこそ、見えてくるものがある。ラダックとそこで暮らす人々の、良い部分、悪い部分、抱えている課題、外界との関係、そして、これからのこと。それらすべてをありのままに見つめ、文章や写真など、自分にできるやり方で伝えていきたい。自分にとって大切なつながりのある人たちが暮らしているこの土地で、これからもずっと、自分にできることを探しながら、ともに歩いていきたい。

それが、僕がラダックに惹かれ、こだわり続ける理由なのだと思う。

もし今、タイムスリップか何かで、旅をしはじめたばかりの頃の僕に会って、何かひとこと、伝えられるとしたら。

大丈夫。行きつ戻りつ、迷ったり、悩んだり、失敗したり、悔やんだりしてもいい。人の言うことは何も気にせず、自分の心の赴くままに、旅を続ければいい。

その場所は、きっと見つかる。

ツォ・モリリ湖畔のマニ石

山本高樹（やまもと・たかき）

著述家・編集者・写真家。2007年から約1年半の間、インド北部の山岳地帯、ラダックとザンスカールに長期滞在して取材を敢行。以来、この地域での取材をライフワークとしながら、世界各地を飛び回る日々を送っている。本書のほか、主な著書に『冬の旅 ザンスカール、最果ての谷へ』『ラダックの風息 空の果てで暮らした日々［新装版］』（雷鳥社）、『ラダック ザンスカール スピティ 北インドのリトル・チベット［増補改訂版］』（地球の歩き方）など。

わたしの旅ブックス

034

インドの奥のヒマラヤへ　ラダックを旅した十年間

2021年6月15日　第1刷発行

文・写真――――山本高樹

デザイン――――松田行正、杉本聖士（マツダオフィス）

地図作成――――山本祥子（産業編集センター）

校正――――山本真理子

編集――――佐々木勇志（産業編集センター）

発行所――――株式会社産業編集センター
〒112-0011
東京都文京区千石4-39-17
TEL 03-5395-6133　FAX 03-5395-5320
https://www.shc.co.jp/book

印刷・製本――――株式会社シナノパブリッシングプレス

ISBN978-4-86311-302-2 C0026